IT業界　人事労務の教科書【改訂版】

著者　特定社会保険労務士　成澤紀美

監修　弁護士　藤井　総

第一法規

はじめに

　はじめまして。本書を手に取っていただき、ありがとうございます。

　私は、IT業界に特化し、人事・労務問題を専門に扱っている社会保険労務士です。

　IT業界と聞くと、とても新しい業界でスピード感もあり、先端技術や新たな商品が次々と出てくる、華やかな業界をイメージされるかもしれません。しかし実際のところ、1946年に米国で世界初のコンピュータENIAC（エニアック）が開発されてから70年以上が経っています。元々この業界は、汎用機といわれる大型コンピュータをベースとした金融や小売業などの業務システム開発と保守運用がメインでした。

　この業界の特性から、実際にシステム開発を行う企業に対して、技術者を抱える企業から人材を派遣し補充する形を取り続けてきたため、業務の発注元企業と受注先との縦構造の関係ができあがり、「人出し・請負」と呼ばれるところの作業時間に対して対価を払う契約形態が生まれました。本来であれば人材派遣契約となるべきものが、業務委託契約として業務が行われ、いわゆる「偽装請負」の温床を作ったのもこの労働環境によるところが大きいといわれます。

　Webでの情報収集やネットショッピングが当たり前の今でこそ、インターネットを通信媒体のメインとしたシステムが多いように感じるでしょう。しかし、インターネットでアクセスするホームページはもちろんの事、銀行やコンビニにあるATMやレジなどのPOSシステム、公共交通機関の運行管理、携帯電話・スマートフォン・タブレットといった携帯端末など、日常生活の様々なシーンで使われている機材やシステムは、すべてIT業界で働く技術者の設計開発によるものです。彼らがこれらシステムの保守運用を日夜行っているおかげで、私たちの日常生活は支障をきたさずスムーズに動いているわけです。

　24時間・365日、問題なく稼動し続けるコンピュータやシステムには、それを見守り管理する人々がいます。

その人々の労務管理がしっかり行われなければ、企業活動だけではなく社会そのものに深刻なダメージを与えかねません。

本書は、IT業界に特有の人事労務問題である「メンタルヘルス問題」「問題社員」「ルーズな労務環境」への実践的な対策を解説しています。

単に法律違反を防ぐだけではない、会社と社員の両方が安心できる、積極的なルール作りの方法をまとめています。

日々、様々なご相談等を受ける中から、具体的に実務に役立つ事へ重点を置いているため、中には中庸を欠く記述や誤解を招く表現があるかもしれません。あらかじめお許しをいただければと思います。

この本が、私たちの生活を支えてくれているIT業界の皆さまのお役に立つことができれば、これ程うれしいことはありません。

特定社会保険労務士
成澤　紀美

CONTENTS

はじめに

第1章　人事労務問題を取り巻くIT業界の特徴と課題

第1節　IT業界の構造

◉IT業界とはどんな業界なのか…10

①ハードウェア業界②SI業界(情報処理サービス)③パッケージ・ASP業界
④ネット関連サービス業界⑤通信・インフラ業界

◉コンピュータ利用の歴史…17

第2節　SI業界の構造

◉SI業界は複雑な多重下請構造になっている…19

①コンピュータメーカー②SIer
③コンサルティングファーム④ソフトウェアハウス

第3節　IT業界の職種

◉IT業界には、スキルを測るためのガイドラインがある…25

◉IT業界に求められる11種類の職種…26

◉IT分野に求められるスキルレベル…29

第4節　ソフトウェア業界のビジネスモデルと労務問題

◉より多くの技術者派遣と人件費抑制というダブルバインド…32

◉情報漏えい・セキュリティ…34

◉競業避止と職業選択の自由…35

第5節　潜在する労務リスク

◉代表的な4つの労務リスク…39

①費用発生リスク②訴訟リスク③行政処分リスク④風評被害リスク〈参考〉労働審判制度について〈参考〉労働基準監督署の是正指導とはどんなもの？

第6節　増加する外国人SE

◉国が違えば考え方も違う…46

◉雇用する時に確認すること…47

◉在留資格の種類…48

3

◉資格外活動許可について…49

◉就業規則は外国人用も用意…50

〈事例〉外国人労働者とのトラブル

第2章　IT業界におけるメンタルヘルス問題の乗り越え方

@ 第1節　メンタルヘルス対策の現状

◉メンタルヘルス不調者の割合…54

◉メンタルヘルス不調者が現れる3つの原因…58

◉メンタルヘルス不調を抱えた労働者のその後の状況…61

@ 第2節　IT業界に多いメンタルヘルスリスク

◉過重労働から発症するメンタル不全…62

◉長期間の過重労働による肉体的ダメージと精神的ダメージ…64

◉SE、プログラマーならではの「うつの特性」と3つの対策…66

◉多忙、睡眠不足、不眠の悪循環…69

@ 第3節　入社採用時のメンタル不全を見極める

◉入社時の適性試験・面談でメンタル不全を見抜く4つの方法…71

@ 第4節　試用期間中の取扱い

◉試用期間満了時の解雇は簡単ではない…74

◉試用期間は最長6か月に留める…75

◉試用期間はコミュニケーションギャップが生じやすい…76

@ 第5節　休職と復職

◉IT関連企業での休職・復職問題…78

◉プロジェクト終了時のバーンアウト型うつ…79

〈事例〉プロジェクトマネージャーを襲ったバーンアウト型うつ

◉出社しないまま退社するフェードアウト型うつ…80

〈事例〉Webデザイナーを襲ったフェードアウト型うつ

◉休職・復職の運用上のポイント…82

◉メンタル不全は私傷病か業務上災害か…84

◉休職期間こそ自社に即した運用を…86

IT業界 人事労務の教科書 改訂版

●休職・復職のルールは医師の診断書、産業医の意見を取り入れる…87

●復職の際に注意すること…87

●休職制度運用上の３つのポイント…88

●解雇時の注意点…89

●「退職」と「解雇」それぞれの解釈…90

●解雇に際しての手続き…90

●メンタルヘルス対策への行政の取組み…91

●厚生労働省が提供しているツールを活用する…92

COLUMN

【メンタルヘルス　失敗事例】突然キレ出す同僚プログラマーからメンタル不全を誘発したケース…97

【メンタルヘルス　成功事例】外部カウンセラーの活用でメンタル不全を回避できたケース…100

【メンタルヘルス　失敗事例】プロジェクトの失敗からプロジェクトリーダーがメンタル不全に陥り、最悪の事態に至ったケース…102

弁護士による章末解説　IT業界　メンタルヘルス対策の法的対応…106

第3章　問題社員への対応方法

第1節　問題社員の定義

●問題社員の具体的な実態とは？…112

●IT業界での問題社員　７つのパターン…113

第2節　問題社員への対策

●「決定打」はない…117

●採用時に人物像を把握する４つの方法…117

●会社のビジョン・理念を十分に説明し共感を持ってもらう

（会社を好きになってもらう）…119

●試用期間中に見極める…120

●日々の勤務態度を注意し指導する…120

●SNSへの書き込み…122

5

@ 第3節　IT業界での退職・解雇トラブル

- ●解雇の定義…123
  - 〈事例〉ソフトウェア開発の案件が縮小されたケース／試用期間中にプログラムスキルが低いとされたケース／派遣されていたプロジェクト内でのメンバー間のトラブル
- ●IT業界　問題社員A～Z…125
  - 〈事例〉就業時間中にSNSに書き込みをしたり、デイトレードしたりしている社員のケース／仕事が終わらず自宅で作業……。その分の残業代を請求されたケース／会社に内緒で副業している社員のケース

@ 第4節　社員を解雇しなければならない場合の注意点

- ●就業規則の限界と労働契約書による対応…131
- ●退職・解雇の定義（労働契約法第16条の理解）…132
- ●既成事実とレポートの確保…134
- ●感情的な態度での解雇措置は取らない…135
- ●把握できる証拠を積み重ねる…136

COLUMN

【問題社員　失敗事例】協調性のないエンジニアを指導できなかったケース…139

【問題社員　成功事例】厳し過ぎる有能エンジニアをうまく説得できたケース…141

弁護士による章末解説　IT業界 問題社員対策の法的対応…144

第4章　ルーズな労務環境の整え方

@ 第1節　IT業界に多い労務リスク

- ●時間外労働・休日出勤の管理の甘さ…150
- ●年俸制の給与形態での未払い残業…152
- ●専門業務型裁量労働制のプログラマー職の問題…153
- ●管理監督者の捉え方とプロジェクトマネージャーの処遇…154

IT業界 人事労務の教科書 改訂版

第2節　会社に合った労働時間管理・休日の考え方

◉「振替休日」と「代休」の理解…158

◉法定休日と所定休日…159

第3節　固定残業制の考え方

◉固定残業制を正しく活用するための6つのポイント…161

◉最近の行政指導の傾向…163

第4節　専門業務型裁量労働制の考え方

◉専門業務型裁量労働制とは…165

◉専門業務型裁量労働制での2つの注意点…167

第5節　労働時間の管理と判断

◉労働基準法における労働時間の考え方…169

◉労働時間＝人件費…169

　〈事例〉職種別に時間管理を行っているケース／出勤時間を複数設定しているケース

◉残業代・休日出勤手当で是正指導を受けないための4つのポイント…172

第6節　時間外・休日出勤

◉時間外労働・休日労働とは…175

◉時間外勤務・休日出勤に関する6つのポイント…178

◉「この仕事、今日中に終えて」の解釈…185

第7節　未払い残業代請求への労働トラブルと対処

◉トラブルが起きる前に、就業ルールを見直す…186

◉自社にマッチした採用は、リスク回避の一番の策…187

◉「ダラダラ残業」を行う社員　2つのパターン…191

◉それでも労務トラブルが起きてしまったら？　3つのトラブル請求パターン…193

◉IT関連企業に多い監督指導内容…196

弁護士による章末解説　IT業界　労務環境未整備対策の法的対応…197

第5章 会社を変える就業規則の作り方

第1節 就業規則の現状
- 自社の実態に合っていない就業規則…202

第2節 就業規則の役割
- 企業経営で就業規則が持つ意味と3つの目的…204
- 就業規則の限界と労働契約書による対応…207

第3節 服務規律の重要性
- IT関連企業での服務規律…209
- 企業の考え方を積極的に就業規則に盛り込む…209
- 服務規律の定め方…211
- 遅刻3回で欠勤1日控除は違法か？…212
- セクシュアルハラスメント、パワーハラスメント対策…213
- SNSへの対応…217

第4節 雇用契約に関する課題
- 改正労働契約法の影響…219
- 改正労働者派遣法の影響…222

第5節 IT業界での契約形態（請負と派遣）
- 大きく実情が異なる「請負」と「派遣」…226
- 請負契約の現状…226
- 派遣契約の現状…229
- 偽装請負とされないために…230
- 労働者供給事業とは…231
- 偽装請負チェックリスト…233
- 弁護士による章末解説 IT業界 就業規則の法的解説…236

おわりに

索引…241

第1章

人事労務問題を取り巻く
IT業界の特徴と課題

第1節
IT業界の構造

●IT業界とはどんな業界なのか

「はじめに」でも触れたように、「IT業界」というと、先進的な技術が次から次と生まれ、スピード感があり、常に世の中の先頭を走っている業界というイメージがあるのではないでしょうか。「IT業界」はコンピュータの登場からその歴史が始まり、インターネットの普及で社会の多方面に影響する業界となっています。

1946年、米国で世界初のコンピュータENIAC（エニアック）が開発され、1951年、世界で初めての商用コンピュータが米国政府連邦統計局向けに納入されました。1950〜60年代にかけては、大学での研究の検証、政府機関での統計、大企業の給与計算などで労働力を軽減するためのツールとして使用され、コンピュータの需要は次第に大きくなっていき、受託計算を行う情報サービス業が登場することとなります。

この受託計算の増加がソフトウェア開発をけん引する形で、さらにコンピュータの需要が増えていきます。そして1960年後半から、ソフトウェア開発を専門にするソフトウェアハウスが登場します。

日本国内では、政府がコンピュータ産業を保護するため輸入規制をかけたことから、国内各メーカーはそれぞれ独自に開発を始め、ハードウェアを供給するようになりました。その結果、日本国内のコンピュータは汎用性・互換性がないものとなり、アプリケーションはもちろんのことデータの共有もできず、ユーザーにとって極めて不便なシステムが増える形となってしまいました。

そうした中で、メーカーに依存しない、公開されたインターフェイスを持つコンピュータシステム＝オープンシステムの登場により、ソフトウェアハウスはハードウェアに依存しないプログラム作成が可能となりました。開発の負担が軽減され、また、メーカーの系列に縛られなくなっていきます。

日本国内では、商用ネットワークは1960年代から実用化が始まっていまし

たが、中小企業や個人向けのネットワークが登場するのは、1995年以降になります。

1980年代に個人向けコンピュータである「パソコン」が登場し、さらにパソコンを動かすための基本ソフトであるWindowsの普及により、中小企業や個人でのコンピュータ利用が一気に拡大していきます。

1995年以降、国内でインターネットが爆発的な広がりをみせ、当たり前のようにホームページやE-mailを利用するようになりました。インターネットの登場は、家庭生活からオフィスでの仕事のやり方までを激変させました。

また、携帯電話の普及も我々の生活を一変させました。1996年以降、本格的に普及し始めた携帯電話は、2000年に入ると1人1台以上保有するまでに普及し、その機能も充実していきました。

そして、2007年にアップル社のiPhoneが登場すると携帯電話市場は一変します。携帯電話からスマートフォンへと携帯電話市場の潮流は向きを変え、さらにiPadの登場で、タブレット端末市場が新しく登場しました。コンピュータに対する企業の取組みも変化し、今では、商用システムから個人向けアプリケーションと、多種多様な機種・システムが求められています。

さらに、2011年に発生した東日本大震災により、一気にクラウドコンピューティングが進みました。クラウドコンピューティングとは、これまで個人利用のパソコンにダウンロードやインストールした上で利用していたデータやソフトを、ネットワークをつうじて利用するというものです。クラウドコンピューティングを用いて作られたサービスでは、データの保存もクラウドサーバー上で簡単に行えます。インターネットに接続されている端末であれば、基本的にはデバイスを問わず利用できるので、パソコンはもちろん、スマートフォンやタブレット等でも利用でき、非常に利便性が上がります。またクラウドサーバー上で作業ができデータも保管されている事から、BCP対策*としても有効とされています。

＊BCP対策

BCP（事業継続計画）とは、「企業が自然災害、大火災、テロ攻撃などの緊急事態に遭遇した場合において、事業資産の損害を最小限に留めつつ、中核となる事業の継続あるいは早期復旧を可能とするために、平常時に行うべ

き活動や緊急時における事業継続のための方法、手段などを取り決めておく計画のこと」です（中小企業庁ウェブサイト（https://www.chusho.meti.go.jp/bcp/contents/bcpgl_09_p.html））。

以上の流れから生まれた「IT業界」。ひとくくりに表現されることが多いようですが、実は様々な業種・職種が混在しているのがIT業界です。

業界構造から見ると、主に大きく5つのタイプに分けられます。ここでは、企業規模と創業年数から大まかに分類しています。それぞれに異なる特徴があります。まずは、読者の皆さんが勤務している企業体がどこに分類されるのか把握しておきましょう。

《図1》大きく5つに分けられるIT業界

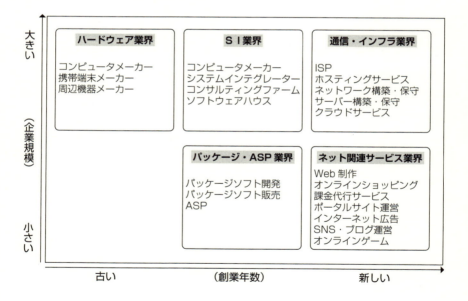

① ハードウェア業界

コンピュータメーカー、携帯端末や周辺機器のメーカーなど、パソコンを始

めとするコンピュータを構成している電子回路や周辺機器を扱う業界を指します。現在では、インターネットの利用拡大に呼応し、携帯電話、スマートフォンやタブレットなどのスマートデバイス、さらに各種ゲーム機などを扱う業界も含まれます。数年前まではインターネットといえば、パソコンで行うものと決まっていましたが、現在では前述の様々な携帯端末に加え、さらに「情報家電」と呼ばれるネットワークにつながった「冷蔵庫」や「エアコン」などの家電も登場し、ハードウェア業界の幅はさらに広がってきました。

②SI業界（情報処理サービス）

「システムインテグレーション」の略で、顧客向けの情報システムの企画、構築、運用などの業務を請け負う業界を指します。「システムインテグレーター」とはこれらの業務を一括して請け負う企業のことをいいます。

システムインテグレーションでは、「上流工程（顧客の要望や課題を分析し、ITシステムを使ったソリューションの企画・提案を行う）」から「下流工程（詳細なシステム設計、プログラミング開発とITシステムを実際に作りこんでいき、さらにテスト・保守運用などを行う）」へ流れていく形でシステムが構築・開発され、そこには多くの技術者が必要とされます。

最近は、SES（システムエンジニアリングサービス）と呼ばれる、特定業務への技術者の労働提供を行う委託契約の形式もあります。これは客先のオフィスに技術者が常駐して技術的なサービスを提供するもので、具体的な成果物がなく、単に労働力を提供する業務形態のため、偽装請負と疑義される可能性もあります。

この業界には、システムインテグレーター、コンサルティングファームやソフトウェアハウスなどの業態があります。業界構造の特徴から、後述する下請企業での二重派遣、未払い残業代、過重労働からくるメンタル不全者を抱える業界でもあります[1]。

③パッケージ・ASP業界

Windows・Linux・MacOSなどコンピュータを動かすためのオペレーティングシステム（OS）と呼ばれる基本ソフトや、ワープロソフトのWordや表計算

ソフトのExcelなどのアプリケーションソフトや、会計ソフト・給与計算ソフトなどの業務用ソフトを開発し、ビジネスを行う業界です。開発したソフトウェアを製品化（パッケージ化）し販売を行ったり、Web経由でシステムを利用できるようにし、毎月の使用料を課金し、徴収したりするASPモデル（アプリケーション・サービス・プロバイダー）のビジネスを展開する企業が多いのも特徴のひとつです。

　例えばマイクロソフト社は、Windowsというオペレーティングシステム（OS）とWordやExcelなどのアプリケーションソフトの両方を作っているソフトウェアメーカーになります。

④ネット関連サービス業界

　インターネット広告、オンラインショッピング、音楽・映像配信、ポータルサイト運営、オンラインゲームなど、インターネットが普及するとともに急成長している業界です。

　ブログ、SNS（ソーシャルネットワーキングサービス）、Twitter、Facebook、LINEなど、様々な新しい分野が生まれ、新規参画企業も多く、盛衰が激しい業界でもあります。

　中には会社設立から短期間でIPO（株式公開）を果たすほどの急成長をする企業もあります。

　IT業界の中でも、先端をいく注目の業界ではありますが、一方で会社自身も若く、労働法をあまり意識しない傾向があります。

※1 **【二重派遣】**
　派遣会社から受け入れた派遣労働者を、さらに、別の会社に派遣して指揮命令を受けさせている行為です。間に2社以上関与すると多重派遣となります。

【未払い残業代】
　労働時間の管理が適切でなかったり、初めから給与を抑制する目的で残業代を支給していなかったりすることなどにより、残業代が未払いとなっているケースを指します。

【メンタル不全】
　仕事や職業・生活上の悩みなどに関して強い不安やストレスなどを継続的に感じ、精神面で不安定な状態になり、適応障害やうつ病を発症してしまうような状況のことです。

第1節　IT業界の構造

「クリエイティブ性を強く求めるため」「裁量労働のような労働時間管理にとらわれない働き方を求め過ぎること」「会社の思惑と働く側の意識のずれ」などから、

・年俸制に対する認識の甘さからくる残業代の未払い
・休日出勤をしても振替休日がない
・休日出勤手当が支給されていない

などといった労務トラブルが起きやすい環境にあるともいえます。

⑤通信・インフラ業界

　インターネットへの接続サービス、サーバーの構築など、コンピュータシステム利用を可能にする環境設備を整えるサービスを提供している業界です。すべての情報通信サービスの要になっているのが「通信・インフラ業界」です。

　通信サービスを提供する企業を「通信事業者」と呼び、「第一種通信事業者」と「第二種通信事業者」に分かれます。「第一種通信事業者」は自社で通信設備を持ち、サービスの提供まで一貫して行います。NTT、KDDI、SoftBank、その他ケーブルテレビ事業者が「第一種通信事業者」に該当します。これに対して「第二種通信事業者」は自社では独自の通信設備を所有せず、「第一種通信事業者」から通信設備を借りてサービスを提供する業者です。各種インターネット接続サービスを提供するプロバイダーなどがこれに該当します。他にもホスティングサービスやネットワーク・サーバー保守などの事業を行っています。

　資本力が必要なため、大手企業が出資母体となっているケースが多く、また新興市場へ上場している企業も比較的多いのが特徴です。出資母体が元々大手企業であることから労務管理上の整備も細かく行われていたり、上場に伴い労務管理の整備を厳しく求められたりするなど、コンプライアンス（法令遵守）が徹底されている企業が多いといえます。

15

第1章　人事労務問題を取り巻くIT業界の特徴と課題

《図2》情報サービス産業発展の経緯

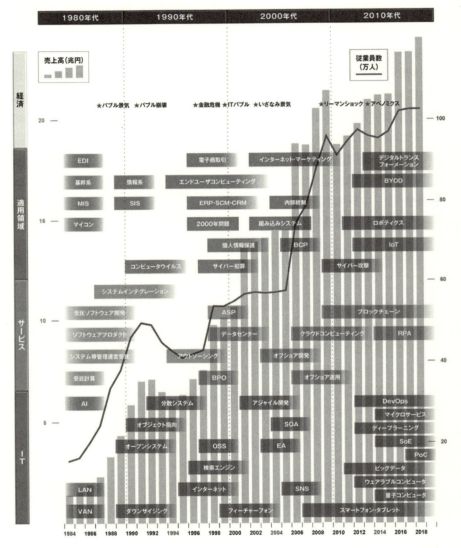

※売上高、従業員数の出典：経済産業省「特定サービス産業実態調査」、総務省「経済センサス−活動調査」

出典：一般社団法人情報サービス産業協会ウェブサイト
（https://www.jisa.or.jp/explain/tabid/756/default.aspx）

第1節　IT業界の構造

●コンピュータ利用の歴史

　本書の冒頭でご紹介したように、世界で最初のコンピュータが登場したのは1946年です。日本でも1955年にコンピュータの民間活用が始まり、もうすぐ65年が経とうとしています。

　当時は、コンピュータは非常に高価（1台で億単位）で、なおかつ場所も相当程度必要（6畳一間いっぱい）であったため、共同で利用するための計算センターが各地に設立されました。

　コンピュータ利用の拡大とともに、IT業界に求められる内容も変化しています。年代ごとに変化を区切ると、このような内容となるでしょう。

1950年代後半〜1970年代後半	「情報処理主力の時代」
1980年代前半〜中盤	「ソフトウェア開発拡大の時代」
1980年代中盤〜後半	「急成長とSIの時代」
1990年代前半〜中盤	「分散型システムへの転換の時代」
1990年代中盤〜後半	「ネットワーク化とアウトソーシング化の時代」
2000年代	「インターネットの時代」
2010年代	「クラウドコンピューティングとビッグデータの時代」

　「インターネットの時代」になると、企業・個人とインターネットを利用する者も複雑になり、情報セキュリティ対策が問題視されていた中、2011年に発生した東日本大震災により、一気にクラウドコンピューティングやビッグデータの活用が進みます。

　その結果、ソフトウェアやハードウェアの新たな利用サービスとして、クラウドコンピューティングを提供する情報サービス企業が増えていきます。また、無料でE-mailやアプリケーションを使うことができるようになり、さらに高性能なスマートフォンやタブレットPCの普及とあいまって、個人利用者も爆

第1章　人事労務問題を取り巻くIT業界の特徴と課題

発的に増えていき、今日では「社会インフラとしてIT浸透の時代」を迎えて
います。

第2節 SI業界の構造

　コンピュータの普及とともに登場し拡大していったのがSI業界であり、今でもIT関連企業の多くが、SI業界に所属しているといえます。経済産業省「平成29年特定サービス産業実態調査」「平成29年工業統計調査」によると、情報サービス産業の従業員数は108万人で、自動車88万人、鉄鋼22万人、エレクトロニクス100万人など日本の他の基幹産業と比較しても遜色ない規模を誇っています。

　IT関連業界の中でも、コンピュータの導入・発展とともに古くから形成されてきた業界でもあり、それだけ人事・労務上の問題や課題も多いことから、ここではSI業界を取り上げていきたいと考えます。

●SI業界は複雑な多重下請構造になっている

　この業界構造は建設業界にも似ているといわれており、コンピュータメーカーやシステムインテグレーターをトップとした元請けから、二次請けのソフトウェアハウスへ発注し、これがさらに三次請けのソフトウェアハウスへ発注するという多重構造になっています。

　一般的に、システムを構築する場合は、様々なスキルや得意分野を持った人材を必要とします。また構築するプロジェクトの規模によっては、元請け企業は自社内の技術者だけでは必要とする人材を賄いきれないため、業務の一部を二次請けの協力会社へ発注します。

　この発注構造は、受注したプロジェクトごとに適した人材を確保でき、下請企業も大規模なプロジェクトに参加できるチャンスがあるというメリットがあります。

　その一方で、そもそもなぜ「元請け」「二次請け」「三次請け」といった多重下請構造に問題があるのでしょうか。それには、次のような流れがあります。

　仕事を受注したい「二次請け」は、元請けから指定された発注金額で請けざるを得ない事も多く、その分、人件費を抑えようとします。さらに「三次請け」は二次請けがマージンを差し引いた額で受注する事になります。下請けのエン

ジニアはコストである人件費をさらに抑えられるため、「元々の給与が安い」「残業時間が長い」「本来支払われなければならない残業代が支払われない」「年次有給休暇が取れない・取らせてもらえない」などの問題が発生しやすくなります。このように、SI業界に特有の多重下請構造は、多くの労務問題を生み出す土壌ともなっているのです。

《図3》SI業界の構造

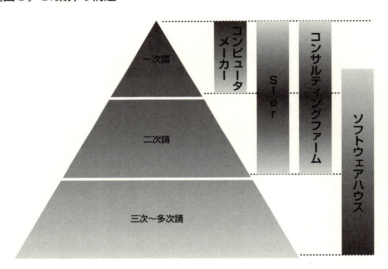

コンピュータシステムを利用するために、システム構築を発注する企業を「エンドユーザー」といいます。企業が利用するシステムは規模や種類も様々ですが、一般的にシステムを構築するには、多くの技術者と費用を必要とします。

中小規模のソフトウェアハウスが大規模システム構築をエンドユーザー企業から直接請け負うことは、取引きの信用性、資金力や技術者の確保の面で困難です。というのも、エンドユーザー企業からの入金は、受注直後に着手金の入金がない限りは、システムを納品し、発注企業の検証を受けてシステム完成と認められた後となるため、それまでにかかる人件費を負担し続けなければなら

ないためです。潤沢な資金を持っている企業でもない限り、直接受注が困難になるのはこのような理由によります。

また、大規模システムは長期に渡り開発を行うことから、多くの技術者を必要とし、とても1社だけで技術者を集められるものではありません。

これらの理由から、通常は、大手システム会社がエンドユーザー企業からシステム構築案件を受注し、中小規模のシステム会社にその開発の一部を発注する多重下請構造になっているのです。

《図4》システム開発プロジェクトでの取引関係例

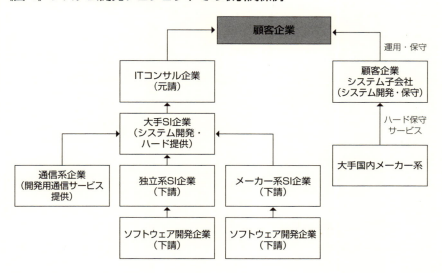

情報システムは多くの技術から成り立っています。ハードウェア、ソフトウェア、ネットワーク回線や通信技術・設備、顧客企業向けに独自に開発するアプリケーションなど、様々な分野があります。システムが稼動し始めると、長期に渡る運用・保守作業も必要になります。

このように様々な構成要素があり、さらにシステムの規模や中身によって、必要とされる技術や製品の組み合わせも多岐に渡ります。これらを1社だけで対応することは、どんな大手企業であっても難しく、結果として次に紹介する

4つのような複数の企業が関わっていくことになります。

①コンピュータメーカー

　元々はコンピュータを製造販売する事業を行っていましたが、コンピュータを販売するにあたり、コンピュータ上で動くソフトウェアも作成するようになりました。

　今ではSIer（後述）と同じようにSI事業も行っている会社がほとんどです。SI業界の子会社を多数持っており、その企業規模・コネクション・ノウハウなどから、SI業界における影響は多大なものとなっています。ユーザー企業の契約元になっているケースも非常に多いのが特徴です。

　海外メーカーの参入も数多く、法人向け・個人向けのコンピュータを製造販売しています。国内メーカーでは、NEC、富士通、日立、東芝、三菱電機などが法人向けコンピュータを始めATM端末などの専用機を製造販売しており、これらに関わる多くの技術者を抱えています。

②SIer

　SIer（エス・アイ・アー）と読みます。System Integrationの略称SIに「〜する人」を意味する-erを付けた造語で、システムインテグレーターとも呼ばれます。

　SIerの業務は、個別企業のためにソフトウェア・ハードウェア・インフラを含む情報システム全体に関する戦略立案から、企画、設計、開発、運用・保全までトータルに提供することを主としています。

　設立経緯から、メーカー系（コンピュータメーカー、メーカー子会社）、商社系、ユーザー系（金融会社、商社などの情報システム部門が独立した会社）、独立系（親会社を持たず資本的に独立している会社）、最近ではネットワーク系などに分類されます。

　メーカー系SIerは規模が大きいため、大規模システムの開発案件を数多く手がけています。最近では競争力を高めるため、上場していた子会社を100%子会社にする動きが活発になっています。

　商社系SIerは、商社のコンピュータ関連ビジネスを基本とした、ハードの販

売や保守サービスに強みを持っているのが特徴です。

ユーザー系SIerは、企業の情報システム部門が、分離独立した情報システム子会社として、親会社以外のシステム構築を手がけるようになったものです。

独立系SIerは、文字通り、システムインテグレーション事業を目的に独自に設立した会社を指します。

最後に、ネットワーク系SIerはネットワークインテグレーターとも呼ばれ、ネットワーク分野やセキュリティ分野を得意とした会社です。

このように、SIerといっても、様々な特徴があります。

③コンサルティングファーム

ここでいうコンサルティングファームとは、IT系コンサルティングファームの意味であり、経営戦略的な視点でシステム構築のコンサルティングおよび概要設計を行うことを意味しています。

銀行や証券会社など、金融機関の調査部門や情報システム部門が分離独立したものや、会計監査法人を出身母体とするコンサルティングファームが多いといえます。2001年に経営破たんに追い込まれた米国でのエンロン事件が発端となり、会計監査を行う会計事務所がコンサルティング業務を兼業することが禁止されました。これにより会計事務所は自身のコンサルティング部門を次々と分離させ、業界が再編されました。

④ソフトウェアハウス

一般的には、ソフトウェアパッケージの開発やソフトウェアの受託開発を主要業務としています。

自社開発のソフトウェアを販売する企業を指す場合もありますが、他企業からソフトウェアの開発を受託する企業を指す場合のほうが多いといえます。

メーカー系ソフトウェアハウスは、ITベンダー（ハードウェア、ソフトウェアやネットワークシステムなどの提案・開発・コンサルティングを行う企業）の系列下にあるソフトウェアハウスで、親会社の製品戦略に対応したソフトウェア開発を得意とするところが多いようです。

ユーザー系ソフトウェアハウスは、金融・製造・物流などの大手企業が、自

社システムの構築のために設立したソフトウェアハウスで、親会社の業務領域のソフトウェア開発を得意とします。業務のほとんどが親会社向けのソフトウェア開発であるソフトウェアハウスもあれば、親会社だけでなく様々な企業向けにソフトウェアを開発しているソフトウェアハウスもあります。

　独立系ソフトウェアハウスは、まさに独自の経営戦略に基づいてビジネスを展開しているソフトウェアハウスで、他の系列に比べると企業規模が小さいところが多いのが特徴といえます。

　ソフトウェアハウスの規模は数名程度の零細企業から数百名程度の規模まで様々あり、得意分野も分かれています。また、ソフトウェアハウスは、ソフトウェア開発を行う技術者さえ確保できれば、設備投資や先行開発投資がほとんど不要なこともあって、小規模ながら多数の企業があるのが実情です。ユーザー企業から直接受託するシステム開発業務は少なく、SIerなどの一次請け企業などから受注するケースもありますが、二次請け（孫請け）、三次請け（ひ孫請け）といった具合に、深い契約階層の最下層で受注するケースも多く、受注階層が深いほど、未払い残業や偽装請負（契約内容や書類上では形式的には請負または委託契約になっているが、実態としては労働者派遣であるもの）が発生しやすい傾向にあります。

第3節　IT業界の職種

第3節
@ IT業界の職種

●IT業界には、スキルを測るためのガイドラインがある

　IT業界では、ハードウェア、ソフトウェア、ネットワーク、サーバー管理、通信技術など様々な分野があり、多くの技術から成り立っています。

　多くの技術は多くの職種にもつながるもので、これらは各社で、または業界内のローカルルールのように職種が分けられています。そのため、仕事の内容や範囲もあいまいで、呼称もバラバラです。

　業界や業務内容によって、単にプログラマーやシステムエンジニアだけでなく、ディレクター、プロジェクトマネージャー、ITコンサルタント、セキュリティエンジニア、ネットワークエンジニアなどと、多岐に渡った職種と呼称が使われています。

　職種も呼称も多数ある状態では、個々のITスキルを測る基準もなく、各社から提示されるエンジニアのスキルシートから判断するしかありませんでした。

　また、エンジニアの仕事に対しては、本人が有しているスキルや能力を基準として費用を明示されるのではなく、人月工数（1か月にどの程度の開発時間がかかるのかを基本とした月間・時間当たりの単価設定のこと）で換算されるという、個々のエンジニアから判断しない形で費用が決定され、この費用に応じたエンジニアが選定されるという形が取られてきました。

　そこで、エンジニアが有しているスキルや実務能力などを正しく評価し育成していくために、体系的なフレームワークを設け、将来に向けてITの国際競争力を向上させようということで、2002年12月に、経済産業省は**ITSS（IT Skill Standard）という「ITスキルの業界標準となる体系」**を発表しました。その後も2006年、2008年、2011年と改定を行い、現在では、IT関連サービスの提供に必要とされるスキルを「11職種」「35専門分野」に細分化し、それぞれにスキルセット（スキル領域）を規定しています。いわば、「ITのスキルを測るためのガイドライン」といえます。

　「ガイドライン」は経験した規模や扱ったプロジェクト、システムの複雑性

25

などに基づきスキルレベルを規定しているのが特徴で、個人から見れば、自分のポジションを把握するとともに、キャリアパスのイメージを描き、この後のキャリア形成のためにどのようなスキル開発を行うべきか判断するのに役立てることができます。企業から見れば、自社のエンジニアが保有しているスキルを客観的に判断することができ、エンジニアの教育研修プログラムの決定や、不足しているエンジニアの採用要件を決定する際に利用することができます。

　具体的には、カテゴリーごとに、エントリーレベルからハイレベルまでのスキルレベルが7段階で定義されています。カテゴリーごとのスキルレベルは「達成度の指標」ごとに定義されています。これは、業務内容の難易度やプロジェクトの規模などの項目で、それぞれ指標が設定されています。この指標を実現するためのスキルを保有しているかどうかを企業または企業間で判断します。

　ちなみにITSS以外に、情報システムの利用者としてITに携わる組織や人材を対象とする「情報システムユーザースキル標準」（UISS：Users' Information Systems Skill Standards）と、製造業などの分野で組込系システム開発を行う人材を対象とするスキル標準である「組込みスキル標準」（ETSS：Embedded Technology Skill Standards）があります。対象とするIT人材に活躍してもらう場面や特有の課題に応じて、この3つのスキル標準を、企業または企業間で使い分ける必要があります。

●IT業界に求められる11種類の職種

　次に、ITSSで規定している11の職種を説明します（IPA 独立行政法人情報処理推進機構「ITスキル標準V3 2011 2部：キャリア編_20180827 補足A．職種の説明一覧」より引用）。この11職種が、現在のIT業界で求められている職種の具体的な区分といえます。

①マーケティング

　顧客ニーズに対応するために、企業、事業、製品及びサービスの市場の動向

第3節　IT業界の職種

を予測かつ分析し、事業戦略、販売戦略、実行計画、資金計画及び販売チャネル戦略等ビジネス戦略の企画及び立案を実施する。市場分析等をつうじて立案したビジネス戦略の投資効果、新規性、顧客満足度に責任を持つ。

②セールス

　顧客における経営方針を確認し、その実現のための課題解決策の提案、ビジネスプロセス改善支援及びソリューション、製品、サービスの提案を実施し成約する。顧客との良好なリレーションを確立し顧客満足度を高める。

③コンサルタント

　知的資産、コンサルティングメソドロジを活用し、顧客の経営戦略やビジネス戦略及びIT戦略策定へのカウンセリング、提言、助言の実施を通じて、顧客のビジネス戦略やビジョンの実現、課題解決に貢献し、IT投資の経営判断を支援する。提言がもたらす価値や効果、顧客満足度、実現可能性等に責任を持つ。

④ITアーキテクト

　ビジネス及びIT上の課題を分析し、ソリューションを構成する情報システム化要件として再構成する。ハードウェア、ソフトウェア関連技術（アプリケーション関連技術、メソドロジ）を活用し、顧客のビジネス戦略を実現するために情報システム全体の品質（整合性、一貫性等）を保ったITアーキテクチャを設計する。設計したアーキテクチャが課題に対するソリューションを構成することを確認するとともに、後続の開発、導入が可能であることを確認する。また、ソリューションを構成するために情報システムが満たすべき基準を明らかにする。さらに実現性に対する技術リスクについて事前に影響を評価する。

⑤プロジェクトマネジメント

　プロジェクトマネジメント関連技術、ビジネスマネジメント技術を活用し、プロジェクトの提案、立上げ、計画、実行、監視コントロール、終結を実施し、

計画された納入物、サービスと、その要求品質、コスト、納期に責任を持つ。

⑥ITスペシャリスト

　ハードウェア、ソフトウェア関連の専門技術を活用し、顧客の環境に最適なシステム基盤の設計、構築、導入を実施する。構築したシステム基盤の非機能要件（性能、回復性、可用性など）に責任を持つ。

⑦アプリケーションスペシャリスト

　業種固有業務や汎用業務において、アプリケーション開発やパッケージ導入に関する専門技術を活用し、業務上の課題解決に係わるアプリケーションの設計、開発、構築、導入、テスト及び保守を実施する。構築したアプリケーションの品質（機能性、回復性、利便性等）に責任を持つ。

⑧ソフトウェアデベロップメント

　ソフトウェアエンジニアリング技術を活用し、マーケティング戦略に基づく、市場に受け入れられるソフトウェア製品の企画、仕様決定、設計、開発を実施する。また上位レベルにおいては、ソフトウェア製品に関連したビジネス戦略の立案やコンサルテーションを実施する。開発したソフトウェア製品の機能性、信頼性等に責任を持つ。

⑨カスタマーサービス

　ハードウェア、ソフトウェアに関連する専門技術を活用し、顧客の環境に最適なシステム基盤に合致したハードウェア、ソフトウェアの導入、カスタマイズ、保守（遠隔保守含む）、修理を実施するとともに、顧客のシステム基盤管理およびサポートを実施する。またIT施設インフラの設計、構築、導入および管理、運営を実施する。導入したハードウェア、ソフトウェアの品質（使用性、保守容易性等）に責任を持つ。

⑩ITサービスマネジメント

　システム運用関連技術を活用し、サービスレベルの設計を行い顧客と合意されたサービスレベルアグリーメント（SLA）に基づき、システム運用リスク管理の側面からシステム全体の安定稼動に責任を持つ。システム全体の安定稼動を目指し、安全性、信頼性、効率性を追及する。またサービスレベルの維持、向上を図るためにシステム稼動情報の収集と分析を実施し、システム基盤管理も含めた運用管理を行う。

⑪エデュケーション

　担当分野の専門技術と研修に関連する専門技術を活用し、ユーザのスキル開発要件に合致した研修カリキュラムや研修コースのニーズの分析、設計、開発、運営、評価を実施する。

●IT分野に求められるスキルレベル

　各職種と専門分野に必要な実務能力を、研修などの教育や訓練に活用するために定義した指標がスキルレベル（達成度の指標）です。スキルレベルは「**スキル項目**」「**スキル熟達度**」「**スキル領域**」に分類されます。
　「**スキル項目**」は、以下の5つのカテゴリーに分類されます。

《図5》スキルカテゴリー

スキルカテゴリー	説　明
テクノロジ	業務を遂行するにあたり必要とされる技術的なスキル
メソドロジ	業務を遂行するにあたり必要とされる手法、方法論、解決技法等のスキル
ビジネス／インダストリ	その職種、専門分野において知っておくべき知識。業界に特化した事象や業界動向、法律、規則など
プロジェクトマネジメント	プロジェクト遂行にあたって必要となるスキル
パーソナル	業務を遂行する際に必要とされる人間的側面のスキル

第1章　人事労務問題を取り巻くIT業界の特徴と課題

　「**スキル熟達度**」は、スキル項目について、その熟達度合いや裏付けとなる知識を体系化して示しています。例えば、「システム運用」という知識対象であっても、理解度は単にシステム運用の概要を知っているというレベルから、論文等で発表できるほど深くシステム運用の理解と経験を有しているレベルまで大きく異なります。スキル熟達度は、こうしたスキルの習熟度を明確にするためのものです。

　「**スキル領域**」は、職種と専門分野ごとに、必要なスキル項目と知識項目を整理したものです。
　なお、図6に挙げるスキル項目は、ビジネスを遂行する上でベースとして必要なスキルであることから、11の全職種に共通します。

《図6》職種共通のスキル項目

スキルカテゴリー	スキル項目	知識項目
プロジェクトマネジメント	プロジェクトマネジメント	プロジェクト統合マネジメント
		プロジェクト・スコープ・マネジメント
		プロジェクト・タイム・マネジメント
		プロジェクト・コスト・マネジメント
		プロジェクト品質マネジメント
		プロジェクト人的資源マネジメント
		プロジェクト・コミュニケーション・マネジメント
		プロジェクト・リスク・マネジメント
		プロジェクト調達マネジメント
パーソナル	リーダーシップ	リーダーシップ
	コミュニケーション	2Wayコミュニケーション、情報伝達、情報の整理・分析・検索
	ネゴシエーション	ネゴシエーション

30

例えば、IT業界では、案件をプロジェクト形式で進めることが一般的です。そのため、案件に関わるスタッフは、案件への習熟度のレベルに関わらず、プロジェクトマネジメントに関する一定の知識を身に付けることが求められます。

　そして、同じ「プロジェクトマネジメント」スキルであっても、マネジメントするプロジェクトの規模や内容によって、実務で必要とされる知識項目は異なってきます。大規模プロジェクトでは、各立場のプロジェクトマネージャーが存在します。そのため、統合マネジメントを求められる上位の者から、個別プロジェクトのマネジメントを行う者まで細分され、同じマネジメントスキルの知識項目であっても、レベルが異なります。

　職種ごとに異なるスキル項目については、状況や環境によって多様であることから、ITSSでは、それぞれの職種に共通する事項を知識項目として記載するだけに留められています。

　ITSSの詳細は本書では省略しますが、「IT業界で流動している人材の職種は区分されており、かつそのスキルセットが明確に存在している」という点を、まずは覚えておいてください。

第4節 ソフトウェア業界のビジネスモデルと労務問題

●より多くの技術者派遣と人件費抑制というダブルバインド

　ソフトウェアの開発や業務系のシステム開発を行っている企業は、全国で約22,000社（情報処理・提供サービス約9,900社、インターネット付随サービス約2,900社を含めると34,700社）あるとされ、そのうち86％は従業員数が50名未満の規模の企業です（経済産業省「平成30年特定サービス産業実態調査速報」）。

　上記業務を行っている企業の80％は、上位委託企業へ技術者を派遣し、労働時間に対する対価を月額の委託報酬として受け取る、いわゆる「常駐派遣型」のビジネスモデルを展開しています。委託報酬額は1人当たりの人月単価を基準とし、これに月間の労働時間を元とした時間より計算されます。派遣されている技術者が長時間勤務になる程売上額が増え、逆に勤務時間が短くなると売上額も減少します。残業そのものをさせないのであればまだよいのかもしれませんが、ここ2～3年は、人月単価が固定化され、さらに単価そのものも減額される傾向にあります。従来のように残業した分売上額が増えるわけではなく、逆に給与額としての支払いが増えてしまうことから、残業をしても労働時間として認めないという事象も出てきています。

　ほとんどの技術者は発注元企業に常駐していることから、派遣元の企業では開発環境などの設備投資コストもかからず、事務所経費も最小限に抑えることができます。例えば、従業員数が100名規模であっても、派遣元企業の本社事務所は10名程度のスペースで対応しているケースなどをよく見かけます。

　ソフトウェアハウス業界のビジネスモデルは技術者派遣を基本としています。そのため、資金繰り上では、月額の委託報酬を勤務時間に応じて毎月精算する「短期収益型のキャッシュフロー」となります。

　企業の売上げは優秀な技術者をいかに多く雇用できるかに左右され、リソースの確保（技術者の確保）が増収増益の手段となります。一方で、技術者の給与が直接原価となることから、人件費をいかに抑えるかが課題となるという、

相容れない面を持ち合わせたビジネスモデルだといえます。

《図7》人月ベースのビジネスモデルが生む労務問題

　この矛盾したビジネスモデルにより、次の4点のような様々な労務問題を抱えているのが現状といえます。

①発注元との契約作業時間と実勤務時間との間にギャップが生じる
②単独で派遣され、相談相手がいない状態で長時間勤務を強いられることから
　メンタル不全者が増加する
③派遣先企業の営業情報（秘密保持情報）が漏えいする
④他社へ転職する際に競業先企業への転職を不当に禁止される

　また、長時間労働の割には給与が低い、いわゆる「キツイ・厳しい・帰れない」の「3K業界」とされている面もあります。「35歳定年説」などといわれたこともありました。もちろん企業規模によるところが大きいのですが、二次請け・三次請けの業界構造の中でシステム開発案件を受注しているソフトウェアハウス会社では、次のようなケースがありました。

第1章　人事労務問題を取り巻くIT業界の特徴と課題

・時間外勤務があっても割増賃金が支給されない
・年次有給休暇を取得すると作業時間が減少するといって無給扱いにされる
・開発案件がなくなってしまい派遣される現場がなく自宅待機を指示されたにも関わらず、休業手当が出るどころか逆に給与が減額されてしまう
・休業手当の代わりに現物支給としてパソコンを与えられる

　技術者である社員の稼動率が直接売上げに影響する業態のため、このような現状になってしまっているのです。これでは、労働時間の管理や休日の管理をまともに行えるはずがありません。

◉情報漏えい・セキュリティ

　企業の情報セキュリティ対策として、外部からの不正アクセスやハッキングなどの攻撃に対する対策は様々に講じられていますが、セキュリティ問題で一番問題視されているのが内部からの不正行為です。いかに外部に強力なセキュリティシステムを用意しても、内部からの不正行為は100％防げるものではありません。

　IT関連企業では、自社内にエンジニアがおり、技術的な面からセキュリティシステムを破ることが可能なため、残念ながら内部からの不正行為により情報が漏えいされているケースがほとんどです。

　また、派遣先で就業している場合も、同様にエンジニアによる情報漏えいが後を絶たないため、開発現場でのセキュリティ対策が、ハード・ソフトの両面から厳しくなっているのが現実です。例えば、開発現場に入る際に所持品チェックがあり、カメラ機能のある携帯機器は持ち込めないなどの対策は当然に行われています。

　IT関連企業に関わらず、情報漏えい事件の8割は内部犯行であるともいわれており、過去に就業していた人物が、嫌がらせ目的で外部から不正アクセスしたり、ウイルスメールを送っていたりしたなどという事例も聞かれます。

　このような内部からの不正行為を防ぐために、社員には必要以上の権限を与えないことやアクセスを制限することで、ある程度の防衛策を講じることは可能です。しかし、意図的な情報漏えいなどは内部の人間にとっては極めて簡単

なことであると認識すべきであり、退職者のアカウントやIDの消去を徹底するなど最低限の対応は必要です。

　一方で、意図的な不正行為ではなく、単純な操作ミスによる不要な情報漏えいも、よく起こる問題です。例えば、次のようなミスが該当します。

・メールの送付先を間違えてしまった
・添付ファイルを違う宛先に間違って送ってしまった
・PCの画面を開きっぱなしで放置して情報を見られてしまった
・書類を机の上に置いたままにして内容を見られてしまった
・ファイルを誤って削除してしまった

　情報セキュリティは「情報を守ること」を意味します。外部からの不正行為のみを表しているのではなく、情報の機密性を守り、情報が改ざんされるのを防ぎ、いつでも情報が取り出せる状態を作り出すことが、「情報を適切に守っている」ことだといえます。

◉競業避止と職業選択の自由

　競業避止義務は、在職している現在の会社と競合する会社に就職したり、自ら競業関係にある事業を行うなどの競業行為をしたりしてはならないという義務をいいます。

　労働法でいうところの競業避止義務は、在職中であれば、使用者の不利益になる二重就業などの競業行為をしないことであり、退職後であれば、退職後に競業他社へ転職を行わない、または競業する事業を起業しないようにすることを指します。

　職業選択の自由は、日本国憲法第22条第1項で定められている自由権（経済的自由権）のひとつであり、基本的人権の一種となります。

　在職中の二重就業は、会社が事情を確認した上で了承するため、特段問題になることはありませんが、退職後の競業他社への転職や同一事業を起業するなどは、競業避止義務と職業選択の自由との関係性から、よく問題となります。またエンジニア本人が保有しているノウハウが外部に流出してしまうことから、

損害賠償の問題に発展する例もあります。

　個別の状況により判断されますが、退職後の競業避止を禁止する規定は、労働者の職業選択の自由を直接的に制限するものとなるため、場合によっては、規定そのものが無効と判断される場合もあります。実際に判例では、次の4点が検討点となります。

①競業を制限する期間
②競業する場所の範囲
③競業を禁止する職種の内容
④競業を制限する際の代償金の支払いの有無

　さらに、次の3つの視点に立って慎重に検討していくことが必要であるとされています。

視点1　使用者側の利益（企業秘密の保護）
視点2　労働者側の不利益（再就職の不自由）
視点3　社会的利害（独占集中のおそれ）

　問題となりやすいのは、転職禁止期間の設定です。例えば、同業他社への転職や同業での起業を禁止する期間を「秘密保持誓約書」などに定めたとします。この競業禁止の期間が1年以内など短期間の場合は、競業禁止規定が有効となる可能性は高くなります。特別なノウハウを持っているわけではない一般の社員に対して、3年以上の競業禁止を定めた場合は、相当額の代償金の支払いなどがない限り、規定そのものが無効とされる可能性が極めて高いといえます。

　また、同じ3年という期間を定めた場合でも、企業独自の特殊なノウハウを持っている社員であったり、機密性の高い情報に接している社員だけを対象者としたりする場合、または一定の地域のみ競業を禁止するなど、禁止理由が限定されている場合は有効となりやすいといえます。

　競業禁止が有効かどうかは、様々な要素を考慮して具体的に判断されます。禁止されている期限が1〜2年程度であれば、従業員にとってはライバル会社

への転職は期限を待ってからのほうが無難ともいえますが、実際には自身の市場価値を下げずにスキルを活かそうとするため、IT業界では同業他社への転職にあまり間を空けないのがほとんどです。

では、企業情報を守り、優秀なエンジニアを競業他社に引き抜かれないためには、どのような対策を講じるべきなのでしょう。そのための具体的な2つの方法は次の通りです。

①社内規程に、自社の競業避止に関する規定を定める

どのような場合に競業禁止に抵触するのかについて、社員がしっかり認識するように促す必要があります。その啓蒙ツールとして社内規程が有効です。

②入社・退職時に、秘密保持契約書を取り交わす

在籍中から退職後に至るまで、企業情報を漏えいしたり、また漏えいしたと疑われるような行動を取らせないようにしたりします。退職する際も競業禁止に抵触していないか本人に確認をします。そのために秘密保持契約書が有効です。

「職業選択の自由」から競合他社に就職するのは、労働者に与えられている権利ですので、原則として自由ですが、明らかに元の勤務先に不利益をもたらす行為は違法行為となります。例えば、役員や社員が勤務先企業に不満を抱き、一斉に退職したり、元の部下や同僚を大量に引き抜いて競合他社に転職したりするような行為は、元の勤務先企業の営業活動を違法に侵害する不法行為に当たるでしょう。

会社が定める競業禁止規定が有効とされ、労働者がその競業禁止規定に違反して競業した場合、退職金の減額や、元の勤務先企業からの損害賠償請求が認められたりするだけでなく、場合によっては競業行為そのものの差止めが認められるという事態にもなりかねません。特別の高度なノウハウに関する秘密保持義務のある社員が、退職後に利益を得る目的でこの特別に高度なノウハウを利用した場合は、不正競争防止法第2条第1項6号による規制の対象になる可能性も十分にあります。

第1章　人事労務問題を取り巻くIT業界の特徴と課題

　不正競争防止法第2条第1項6号では、不正競争に当たるものを「その取得した後にその営業秘密について営業秘密不正取得行為が介在したことを知って、又は重大な過失により知らないでその取得した営業秘密を使用し、又は開示する行為」と規定しています。

　IT業界では、市場に公表される前の営業秘密情報が数多くあり、これらの情報は、通常、アクセスできる者も制限されています。エンジニアでも特定の者だけがアクセスできる形になっているノウハウや情報を、転職先で利用した場合に、法律に抵触する可能性があるのです。

　これまで自分が培ってきた経験を活かして同業界での転職を考える際には、入社時に会社と「秘密保持契約書」などを取り交わしている場合、競業禁止規定の内容や、競合会社への転職を禁止する規定の有無、また、規定がある場合にはその内容の有効性などについて、十分に注意する必要があります。

第5節 潜在する労務リスク

●代表的な4つの労務リスク

「労務リスク」と一言でいいますが、そこには様々なリスクが内包されています。それを大別するとおおよそ4つのリスクに分けられます。それは、**①費用発生リスク、②訴訟リスク、③行政処分リスク、④風評被害リスク**の4つです。

この4つに連なるトラブル群をマッピングすると、図8のようになります。

《図8》代表的な労務リスクマッピング

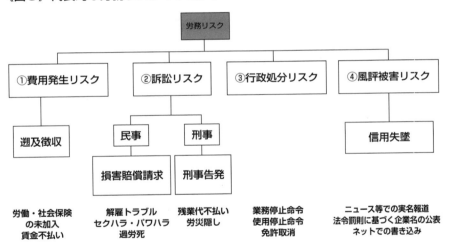

次に、それぞれのリスクを解説していきます。

①費用発生リスク

「費用発生リスク」とは、法律を遵守し適正に対応をしておけば本来見込まれる費用で済むものを、法的知識がなかったばかりに法律に反する内容になっ

ていて、新たなコストが発生してしまったり、法的知識は持ち合わせていたものの、そもそも法律を守る気がなく、はじめから違反した形で対処してきたものが、行政からの是正指導を受けたり、退職した従業員から訴えられたりして、後から余計なコストが発生するリスクをいいます。具体的には以下のような事例があります。

- 1週間当たり20時間以上の勤務で31日以上の雇用契約が見込まれ、雇用保険の加入要件を満たしていたにも関わらず未加入になっていた。
- 1年前からパートで雇用している者が1週間当たり35時間ほど就業しており、健康保険に加入しなければいけないのは分かっていたものの厚生年金保険料と合わせると保険料が高額になるため加入をしていなかった。
- 残業代の支払いが適正にされていなかった。
- 「残業代込の年俸制だから」と残業代や休日勤務分の給与が支給されていなかった。

　本来であれば適正に処理されていなければならなかったものを、あえて行ってこなかった場合に、費用発生リスクがあります。時効の問題（給与は最後の支給から2年、年次有給休暇は付与日から2年、未払い残業代を請求できるのは残業の発生日から2年まで）はあるとしても、最大限可能な時期まで遡って未払い費用を支払うことになりかねず、是正指導の状況によってはキャッシュインパクトが大きく、突然の出費がかさむという結果を招きかねません。

　IT業界で多いものとしては、まず「未払い残業」のリスクがあります。小規模企業の多くが人件費を管理・抑制する目的で年俸制を採用し、時間外・深夜勤務や休日出勤が発生しても、一定の年俸額以上の給与を支払わないケースがよくあります。年俸制の給与形態であっても、法定労働時間を超えた分の時間外手当や法定休日手当に相当する支払いは必要となります。一定の時間外勤務に相当する額をあらかじめ年俸額に含んでいたとしても、その額を超えた分は当然に支払わなければいけません。月給制の給与に、みなし残業時間制を採用し、一定残業時間分に相当する額以上の時間外手当を支給しないケースも多くあります。

第5節　潜在する労務リスク

　長期間でのシステム開発案件の受注が少なく開発現場が一定しない企業では、正社員雇用を避け契約社員として期間雇用をし、開発期間に応じて人材を確保することがあります。労働時間の長さに関係なく毎月の給与を固定額とする場合、雇用契約終了時にこじれると、その後に被雇用者から未払い残業代を請求されることもあります。

　これ以外に、「業務委託契約」が原因となる費用発生リスクがあります。これはフリーランスのエンジニアとの契約に関するリスクになります。本来であれば従業員として雇用契約とすべきものを、「業務委託契約」として契約を取り交わすもので、一定の就業時間の範囲に応じて報酬額（委託料金）が支払われます。就業時間が短い場合には報酬額を減額したり、さらに社会保険は本人負担で未加入扱いとしたりします。収入の面から、業務委託契約者本人が健康保険料や厚生年金保険料の負担を希望せず、また企業側も法定福利費の負担が増えるのを嫌うという点で契約が成立している一面があるのも事実で、多くのリスクをはらんでいるといえます。

②訴訟リスク

　前述の残業代未払いや、セクシュアルハラスメント、パワーハラスメント、また過重労働が原因での過労死や自殺、労働災害事故の不当隠蔽などで、従業員から訴訟を起こされるケースが増えています。民事訴訟、刑事訴訟に加え、最近では労働審判が申し立てられることも多く、これらにかかる時間的コストも無視できません。訴訟内容にもよりますが、最終的には和解となることも多く、訴訟に時間を取られるだけでなく和解金までも支払わなくてはならないという結果になります。こうしたリスクが「訴訟リスク」です。

　IT業界の訴訟では、圧倒的に残業代未払いに対するものが多く、次にプロジェクトの負荷や過重労働が原因によるメンタル不全や過労死・自殺に対するものが挙げられます。残業代未払いについては就業条件の見直しを行うこと、また、メンタル不全や過労死については、日頃から従業員の過重労働に対するケアが必要になります。

③行政処分リスク

　「行政処分リスク」とは、労働関係各法令に違反することで一定期間の業務停止処分を受けたり、行政からの指導・勧告処分が出されたり、免許の許認可を取り消されることで、事業活動に影響を与えるリスクをいいます。

　企業の労務管理上では、労働基準法だけではなく、労働者派遣法や労働安全衛生法など、労働に関わる多種多様な法律が労働の現場を制限する一方で、適正な届出・申請を行うことにより、事業運営に必要な許認可を受け、必要な免許を発行してもらうことができます。身近なところでは、労働者派遣業に関する届出や許可、有料職業紹介に関する許可などがあります。建設業では、建設現場に関する有期事業の届出や、建設機材の運転許可、有機溶剤の使用に関する届出など様々な届出や使用許可が求められます。

　労働関係各法令に対する違反内容によっては、労働基準監督署による是正指導に留まらず、一定期間の業務停止命令を受けたり、機材の使用禁止などにもつながります。また悪質なケースでは許認可の取消しや免許解除を受けたりもしかねません。

　IT業界だけで見ると、随分と改善されてきていますが、未だに技術者の二重派遣（派遣会社から受け入れた派遣労働者を、さらに、別の会社に派遣をし指揮命令を受けているもの）による労働者派遣法・職業安定法違反が多く、労働者派遣契約と業務委託契約による偽装請負（契約内容や書類上では形式的には請負または委託契約になっているが、実態としては労働者派遣であるもの）も後を絶ちません。二重派遣や偽装請負については、元請企業と下請企業との力関係で契約内容が決定されるという現実があるのは否めません。

④風評被害リスク

　「風評被害リスク」とは、インターネット上での誹謗中傷や、従業員のソーシャルメディアへの何気ない書き込み等によって企業に対する信頼性が著しく落ちてしまい、事業活動へ影響を与えるものをいいます。

　平成18（2006）年4月1日より施行された公益通報者保護法により、従業員の立場や権利を保護しながら、企業内での不正な取扱いなどを外部に通報できるようになりました。この影響もあって、企業内に発生している・発生した不

第5節　潜在する労務リスク

Reference

労働審判制度について

　労働審判制度は、平成18（2006）年4月1日から施行された労働審判法により行われているもので、解雇や給料の未払いなど、企業と個々の労働者との労働関係に関するトラブルを、トラブルの実情に即して、迅速、適正かつ実効的に解決することを目的としています。

　労働審判の手続きは、労働審判官（裁判官）1名と労働関係に関する専門的な知識と経験を有する労働審判員2名で組織された労働審判委員会が、原則として3回以内の期日で審理します。その間は、適宜調停を試みていきますが、調停により解決できなかった場合には、トラブルの実情に即した解決策が提示されます。

　提示された内容に対して異議がなければ審判は確定しますが、いずれか一方から異議の申立てがあれば、提示された労働審判内容はその効力がなくなり、労働審判事件は訴訟手続に移行していき、長期の係争になる可能性もあります。

　労働審判にかかる期間は平均2か月半程度となり、万が一訴訟に移行すれば、1年以上かかる事となります。また労働審判から引き続き同じ弁護士が対応する場合であっても、追加の弁護士費用が発生しますので、費用も日数も相当程度かかるものとなります。

　労働審判制度とは別に、もっと前段階での紛争解決の手段として「**個別労働紛争解決制度**」があります。

　これは、①都道府県労働局に設置された総合労働相談コーナーでの情報提供や相談、②都道府県労働局長による助言・指導の実施、③都道府県労働局内に設置された紛争調整委員会によるあっせん、の仕組みになっており、①から順に進めていきながら、紛争の解決を図るものです。

43

正な商取引や取扱いが実名で報道機関に通報されたり、インターネット上の掲示板に書き込みをされることにより、一瞬にして企業名が広く知れ渡ってしまうという事態が起きています。

　また自社の社員がブログやSNSなどに何気なく書き込んだ内容が、自社のホームページやSNSなどでの炎上を招いてしまうことも最近では多く見られます。炎上を収束させるために企業トップは自ら東奔西走しなければならず、炎上が鎮火するまで（場合によっては鎮火後も）、自社の評価は多大な影響を被ります。

　Webで検索すると、毎日、数多くの炎上トラブルや情報漏えいトラブルの記事がヒットするのも、こういった事情によるところだといえそうです。

　情報の伝播速度の向上によって、告発された企業イメージが一瞬にして悪くなることは、想像以上に企業へ大きな影響を与え、結果として企業の存在自体が危うくなるケースもあります。

　現状では、この風評被害リスクが一番、危険の度合いが高いともいえるでしょう。

　以上の労務リスクは、決してIT業界にだけ起こり得るものではなく、他業界であっても頻繁に起きている問題です。労務トラブルに発展させないためにも、潜在的な労務リスクの芽を早い段階で摘み取ることが肝要です。

第5節　潜在する労務リスク

参考

Reference

労働基準監督署の是正指導とはどんなもの？

　労働基準監督署では、法令の遵守状況の確認・労働環境の改善・安全確認のため、定期・不定期に立ち入り調査や呼出調査を実施し、改善に向けての是正指導を行います。是正指導方法は、①定期監督、②申告監督、③災害調査、④災害時監督、⑤再監督、とされています。

　①定期監督：労働基準監督署が、その年度の監督計画に従って法令の全般に渡り適用事業場に対して行う監督。原則として予告しない。集合監督、パトロール監督、予告監督などがある。

　②申告監督：労働者から法令違反等の申告が労働基準監督署にあった時に行われる監督。匿名のものを含み労働者の申告のあった場合には、労働者の権利を速やかに救済することが必要であり、そのような場合往々にして重大または悪質な違反があることが多い。予告がある場合は、労働者から申告があったことを明らかにし、通常は呼出しがある。予告がない場合は、外部から見れば定期監督と申告監督の区別はつかない。

　③災害調査：死亡災害や重大災害について、同種災害防止のため災害を構成した起因物の不完全な状態や行動を発見して、これらの是正方法を決定するために行うもの。結果、法違反が発見された場合は、是正勧告が行われる。

　④災害時監督：一定程度以上の労働災害が発生した際実施される臨検監督。原則として予告しない。

　⑤再監督：定期監督、申告監督、災害時監督の結果発見された違反が是正されたかどうかを確認するために行われる。

　調査内容は、労働条件の通知状況、就業規則や労使協定の届出内容、就業規則の周知状況、労働時間の管理方法と給与支払い方法、管理監督者の範囲・取扱い、　賃金台帳の記載内容、年次有給休暇の取得記録、安全管理体制（安全衛生推進者、安全管理者、衛生管理者など）、健康診断の実施記録、健康診断結果報告書の届出状況、労働安全衛生法上での有資格免許に関する調査、派遣労働者や請負企業の状況、外国人労働者の雇用状況などである。

出典：角森洋子『労働基準監督署への対応と職場改善』2010年7月25日改訂版、労働調査会、
　　　2010年、p.20-21

第6節 増加する外国人SE

●国が違えば考え方も違う

　IT関連企業では、外国人技術者を採用し、うまく活用している会社もあります。

　外国人技術者は、とても就業意欲が高く勤勉ですが、異なった文化や習慣、仕事の仕方の違いなどから、会社や社員との関係に摩擦が生じ、労務トラブルに発展してしまうことがあります。

　「国内で生活している外国人は、日本人に近い考え方や生活習慣に慣れている」と一般的に捉えられがちですが、労務管理上では特に、国が違えば考え方も違うという点を、日頃から意識する必要があります。

　一概にはいえませんが、外国人技術者には次の3点のような傾向があるようです。

①自己の能力や適性について強く主張する傾向がある
②あいまいな指揮命令を嫌う＝ストレートな指示（業務の期限、求める結果を明確にする）
③就業時間や賃金などの労働条件を細かく確認する

　いずれについても、主張すべき点ははっきり主張し、「イエス」「ノー」は明確にするという考え方によるものと思われますので、外国人を雇用する際には、次の3点のような対応を心がけるようにしましょう。

①自己の能力や適性について主張してきた時は、その根拠をしっかり確認する
②あいまいな指揮命令は行わず、業務上の指示や伝達事項は具体的に明確に行い、メールなどで記録を残しておく
③就業時間や賃金などの労働条件は、必ず合意した内容を雇用契約書として取り交わす

上記に加えて、外国の企業文化や習慣をよく理解している日本人の管理職を配置し、外国人社員に限らず、社員の誰もが意見を言いやすい職場風土を作るなど、文化や習慣の違いに対する理解を促進し、社員間のコミュニケーションが活発になるよう、受け入れる側の意識改革を進めることも大切です。

日本人の常識が外国人にとっても常識であるとは限らないことを、日頃から十分に留意することが、外国人を雇用し、うまく活用する秘訣といえます。

●雇用する時に確認すること

日本人を雇用する時は、履歴書や職務経歴書などで本人の経歴やスキルを十分に確認すれば、特に問題になることはありませんが、外国人を雇用する時は、その労働者が適法に在留し、就労できる状態にあるかを必ず書面で確認することも必要です。万が一適法に在留しておらず就労できない状態の外国人を雇用すると、雇用した会社も罰せられることとなります。その場合、「故意犯」（就労できない状態であることを知っていて雇用した場合）だけでなく、「過失犯」（知らなかったものの、十分な確認を怠って雇用した場合）も処罰の対象となります。

外国人を雇用する際の主なチェックポイントは次の4点です。

①入国要件の確認

パスポートの期限は切れていないか。入国査証（ビザ）を受けているか

②就労資格の確認

どの種類の在留資格を認められているか。就労が認められない在留資格の場合は、資格外活動許可（アルバイト）を得ているか

③在留期間の確認

在留資格ごとに定められている在留期間を超えていないか

④現住所の確認

在留カード（旧、外国人登録証）が発行されているか。在留カードの住所は、現在住んでいる住所として登録されているか

上記の在留資格や在留期間は、パスポート、入国査証（ビザ）、在留カード、在留資格認定証明書、就労資格証明書、資格外活動許可書で確認することがで

きます。

◉在留資格の種類

　就労が可能となる在留資格には以下の29種類があります。

　これら在留資格のうち、IT業界で必要とされる在留資格は「人文知識・国際業務・技術」になります。

1 外交：外国政府の大使、公使、総領事、代表団構成員等及びその家族
2 公用：外国政府の大使館・領事館の職員、国際機関等から公の用務で派遣される者等及びその家族
3 教授：大学教授等
4 芸術：作曲家、画家、著述家等
5 宗教：外国の宗教団体から派遣される宣教師等
6 報道：外国の報道機関の記者、カメラマン
7 高度専門職：ポイント制による高度人材
8 経営・管理：企業等の経営者・管理者
9 法律・会計業務：弁護士、公認会計士等
10 医療：医師、歯科医師、看護師
11 研究：政府関係機関や私企業等の研究者
12 教育：中学校・高等学校等の語学教師等
13 技術・人文知識・国際業務：機械工学等の技術者、通訳、デザイナー、私企業の語学教師、マーケティング業務従事者等
14 企業内転勤：外国の事業所からの転勤者
15 介護：介護福祉士
16 興行：俳優、歌手、ダンサー、プロスポーツ選手等
17 技能：外国料理の調理師、スポーツ指導者、航空機等の操縦者、貴金属等の加工職人等
18 特定技能：一定の専門性・技能を有し、即戦力となる者
19 技能実習：技能実習生
20 文化活動：日本文化の研究者等

21 短期滞在：観光客、会議参加者等
22 留学：大学、短期大学、高等専門学校、高等学校、中学校及び小学校等の
　　　　学生、生徒
23 研修：研修生
24 家族滞在：在留外国人が扶養する配偶者・子
25 特定活動：外交官等の家事使用人、ワーキング・ホリデー、経済連携協定
　　　　　　に基づく外国人看護師・介護福祉士候補者等
26 永住者：法務大臣から永住の許可を受けた者（入管特例法の「特別永住者」
　　　　　を除く。）
27 日本人の配偶者等：日本人の配偶者・子・特別養子
28 永住者の配偶者等：永住者・特別永住者の配偶者及び我が国で出生し引き
　　　　　　　　　　続き在留している子
29 定住者：第三国定住難民、日系３世、中国残留邦人等

●資格外活動許可について

　留学生・就学生が資格外活動許可を受けているかどうかを確認し、許可を受けている場合はアルバイトとして雇うことができます。資格外活動許可を受けている場合は、「資格外活動許可書」が交付されています。

　留学生・就学生に与えられる資格外活動許可は、学業など本来の活動の遂行を阻害しないと認められる場合に限られています。また、一般的に、アルバイト先が風俗営業または風俗関係営業が営まれている営業所に係る場所でないことを条件に、図9の「アルバイト可能時間一覧表」の内容を限度として勤務先や時間帯を特定することなく、包括的な資格外活動許可が与えられています。

　なお、資格外活動の許可を受けずにアルバイトに従事した場合は、不法就労となりますので注意する必要があります。

　就労できない在留資格の外国人（家族など）は、法務大臣の資格外活動の許可を受けた場合を除き、パートタイムであっても雇用することはできません。

　この場合の「資格外活動許可」は留学生・就学生や、家族滞在（在留資格者の扶養家族である配偶者と子）以外の人については、事前に勤務先や仕事内容

《図9》アルバイト可能時間一覧表

	1週間当たりの アルバイト時間	教育機関の長期休業 期間中の稼動時間
大学・大学院の学生	28 時間以内	1日8時間以内
聴講生、研究生、専ら聴講による 研究生、科目等履修生	14 時間以内	1日8時間以内
専修学校・高等専門学校の学生	28 時間以内	1日8時間以内
家族滞在ビザで在留する外国人の 方	28 時間以内	―

を届けた後に審査されます。一般的に与えられる資格外活動許可の仕事の内容は、いわゆる風俗営業などに関わるものではなく、かつ、就労時間が週28時間以内のものであることが条件となります。また、その活動が本来の活動とみなされる場合には、資格外活動許可ではなく在留資格の変更が必要です。

◉就業規則は外国人用も用意

外資系の企業では、従業員ごとの母国語での就業規則を用意するところもありますが、日本では、外国人向けの就業規則を用意している企業はまだ多くありません。日本語の理解が不十分な外国人社員とのトラブルを防ぐためには、最低でも英文の就業規則を作成することが望ましいといえます。

外国人社員と個別に雇用契約書を取り交わしますが、そこに就業規則の内容をすべて盛り込むのは無理があります。そこで社員全員に適用される就業規則を英文で用意しておくことが望ましいでしょう。英語を母国語としない、中国や韓国などの外国人を多く雇用している企業では、それぞれの母国語での就業規則を用意することも必要です。

第6節 増加する外国人SE

事例	Example

外国人労働者とのトラブル

　Ａさんは、とある会社で勤務している外国人のプログラマーでした。

　そのＡさんがある朝突然、会社の前でビラまきを始めたのです。ビラに書いている内容は「上司のＢ課長が残業を認めず残業代が支払われていない」「残業代を1年分支払え」というもの。Ｂ課長が認めないのなら、会社に直接実情を伝えればよいのではないかとも思うのですが、Ａさんは会社の前でビラまき行為を始めてしまいました。配っている相手は同じ会社の社員に留まらず、通行人にまでも及んでいます。人事部はあわててＡさんを社内に連れて行き、事情を確認しました。

　Ａさんに事情を聞くと、1年前に入社して以来、毎日のように夜の9時〜10時頃まで仕事が続いているとのこと。入社後3か月経った頃に、毎日遅くまで仕事をしている分の残業代は支給されないのかとＢ課長に質問したところ、「研修期間中だから残業が支払われるような仕事をしていない、勉強している者に残業代は支給できない」と言われたようです。Ａさんも、研修期間中なので仕方がないのだと納得しました。

　ところが、その後はシステム開発業務に携わっているにも関わらず、残業代が支給されません。再度Ａさんはｂ課長に問いただしました。すると「うちの会社では給与に残業代が含まれているんだから、残業代は支給されない」と言われたというのです。

　この会社では給与形態として月給制を取っており、基本給に残業代が含まれる形態にはなっていません。本来であればＡさんには、超過勤務時間分の残業代が支給されなければならないはずです。

　これに納得できなかったＡさんは、何度もＢ課長に残業代を支給して欲しいと詰め寄りましたが、Ｂ課長の回答が変わることはなく、かえって口うるさい外国人だとＡさんを非難するようになってしまいました。これでは埒があかないと考えたＡさんは、ビラまきという行動に出てしまったのです。

　Ｂ課長にも事情を確認したところ、「Ａさんは残業申請をしてこないか

51

ら勝手に残って勉強しているものと思っていた、1分1秒の残業代を払え
というのはおかしい、ある程度の残業は給与に見込んでいるものだろう」
という言い分です。

　結局Aさんは、このまま残業代を請求し続けても無理と考え、外国人労
働者専門のユニオン（合同労働組合）に加入し、未払い残業代の請求を申
し立ててきました。

　この例では、

①研修期間中の残業をどう扱うべきか
②残業に関する労務管理の問題
③ビラまきという行為に対する服務規律違反
④言葉の壁や文化や慣習の違いからくるコミュニケーションギャップ

などの問題が考えられます。

　研修期間中であっても、会社の指示で行われているものであれば超過時間に
相当する割増賃金の支給が必要とされます。特に試用期間中であれば、本人が
自主的に行っているものなのか上司の指示で行っているものなのかを明確にす
る意味でも、終業時間前に仕事の状況を確認し、必要に応じて残業の指示を出
すべきでしょう。

　こじれにこじれた結果としてビラまきという行動に出たAさんですが、会社
の服務規律には「会社の許可なく演説・集会・文書などの配布・貼付を禁止す
る」という旨が定められています。Aさんが就業規則の内容をすべて理解する
ことは難しいでしょうから、外国人労働者向けのハンドブックを用意し、定期
的に説明会を設けるなどし、働きやすい就業環境とする努力も必要です。

　コミュニケーション不足が招いてしまった労務トラブルですが、対岸の火事
と構えてはいられません。1人の社員からの苦情には、後ろに大きな労務リス
クを抱えているかもしれないのです。

第2章

IT業界における
メンタルヘルス問題の
乗り越え方

第2章　IT業界におけるメンタルヘルス問題の乗り越え方

第1節 メンタルヘルス対策の現状

●メンタルヘルス不調者の割合

　厚生労働省が定期的に調査を行っている「平成29年労働安全衛生調査（実態調査）」によると、平成28年11月1日から平成29年10月31日までの1年間で、メンタルヘルス不調により連続1か月以上休業した労働者の割合は0.4%（平成28年調査では0.4%）、退職した労働者の割合は0.3%（同0.2%）となっています。

　産業別にみると、連続1か月以上休業した労働者は「情報通信業」および「金融業、保険業」1.2%と最も高く、退職した労働者は「運輸業、郵便業」の0.5%、「サービス業（他に分類されないもの）の0.4%に次いで、0.3%と高くなっています。

《図10》過去1年間にメンタルヘルス不調により連続1か月以上休業または退職した労働者割合

（単位：%）

区分	連続1か月以上休業した労働者	退職した労働者
平成29年（産業）	0.4	0.3
農業、林業（林業に限る。）	0.2	0.1
鉱業、採石業、砂利採取業	0.2	0.1
建設業	0.4	0.3
製造業	0.5	0.2
電気・ガス・熱供給・水道業	0.9	0.1
情報通信業	1.2	0.3
運輸業、郵便業	0.3	0.5
卸売業、小売業	0.4	0.3
金融業、保険業	1.2	0.3
不動産業、物品賃貸業	0.4	0.3
学術研究、専門・技術サービス業	0.5	0.1
宿泊業、飲食サービス業	0.3	0.2
生活関連サービス業、娯楽業	0.2	0.3
教育、学習支援業	0.3	0.2
医療、福祉	0.4	0.3
複合サービス事業	0.8	0.2
サービス業（他に分類されないもの）	0.3	0.4
平成28年	0.4	0.2

注：1）受け入れている派遣労働者を除いた割合である。
　　2）同じ労働者が連続1か月以上休業した後に退職した場合は、「退職した労働者」のみに計上している。
出典：厚生労働省「平成29年　労働安全衛生調査（実態調査）」

納期に追い詰められ、仕事量が多くて残業や休日出勤が当たり前。技術の急速な変化についていけないというプレッシャー。ITエンジニアを取り巻くストレッサーには様々なものがあります。実際に何が原因で、どのようにメンタルヘルス不全に陥っていくのでしょうか。

順天堂大学医療看護学部　医療看護研究　第14巻1号（2017）の「IT産業で働くシステムエンジニアがメンタルヘルス不調をきっかけに休職に至るまでのプロセス」によると、メンタル不調のきっかけは、上司や同僚、プロジェクトで関わる顧客や協力会社の担当者との相互関係をうまく作れないことが要因で、以下の5つのサブカテゴリーに分けられ、さらにこれらが独立した要因ではなく、それぞれが複雑に絡みながら、チームの中で「つながっているが孤独な関係性」を形成しストレスを高めていることがわかりました。

・客先常駐の中タイムリーに相談しづらい関係性
・新たな業務に戸惑いストレスを抱える
・関係性の中で業務をうまく遂行できない
・受け止めてもらえない不満や苛立ち
・自身の強固な信念にこだわり辛くても頑張る

また、メンタル不調となった時期は、仕事上のミスや進捗の遅れがでている時期で、叱責や評価されないことの苦悩と、無理な作業の取り繕いを続けるうちに「問題を抱え込み自身を追い詰める」状況となっていくことで不調につながっていると推定されます。

《図11》カテゴリー関連図

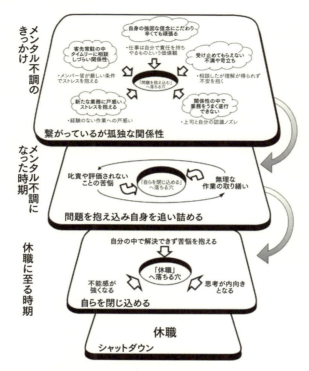

出典：下山満理・櫻井しのぶ（2017）「IT産業で働くシステムエンジニアがメンタルヘルス不調をきっかけに休職に至るまでのプロセス」順天堂大学医療看護学部　医療看護研究　第14巻1号

　客先で初対面のメンバーと机をならべ、納期に追われながら仕事をこなしている状況であれば、何かあっても誰にも相談できない、分からないことを聞きたくても相談しづらい、という環境下に置かれることもあります。上司に相談したくても、現場にいない上司に現場の状況がうまく伝わるのか、受け止めてもらえるのか、という不安もあります。そんな中、問題を抱え込んだITエンジニアたちは、作業の遅れを取り戻そうと1人で頑張り、それでも解決策を見いだせない自分を責め、休職に追い込まれていきます。

　客先常駐ではプロジェクト単位でチームを組みますが、客先で他の会社の社員と一緒に作業する状況では、なかなか気軽に相談できる関係性になりにくく、

第1節　メンタルヘルス対策の現状

自分の抱える悩みをタイムリーに相談しにくい環境下に置かれます。では、どのようにすればいいのでしょうか。以下の4つがポイントとなります。

・本人が問題に直面した際、解決に向けた考え方や行動がとれるようセルフケア研修を実践する
・上司が部下に歩調を合わせ本音が話せる関係性を作る
・孤立させないための連帯感や助け合いの職場風土を作る
・上司や周囲の早期介入や対応を行う

　そもそも、企業は従業員に対する安全配慮義務を負っています。いくら部下一人ひとりの細部にまで目が行き届きにくいといえども、業務に起因して労働者が生命、身体、心身の健康等を脅かされるようなことがないようにしなくてはなりません。客先常駐者にはセルフケア研修など、本人が自覚していないストレスを早期に気づき、「何かあったらこの人に相談すればよい」と思えるような適切な相談先との結びつけをすることも、有効な予防策の1つといえるでしょう。

　メンバーが1人で問題を抱え込むことがないよう、周囲が早め早めに気づく体制づくりはもちろんのこと、何か異変を感じたら、上司自身が忙しくても、時間を割き、早めに介入し、必要に応じて専門家や適切な治療につなげていくためには、職場の環境整備、ルールづくりが重要です。

　いくら「上司の早めの介入」や「職場風土づくり」が重要といっても、重要性を理解しているだけではきちんと機能しません。体制の整備や何か起きたときのフローの見える化など、現実的なルールをしっかり定め、それを客先常駐者も知っている状況にすることが実効性あるものといえます。

　従業員が実際にメンタルヘルスの不調を訴えて相談してくる場合には、上記のような「就業環境などの外的要因からのストレス」に、「家庭内での家族トラブル、自身の抱える悩みや問題などの内的要因からのストレス」の2つが複合的に重なり合った状況の中で、何か1つの要因・ストレスがトリガー（引き金）となり、突発発症している傾向があります。直接の原因が特定しにくいところに、メンタルヘルス対策の難しさを感じます。

《図12》ストレスを原因とする主な心の病

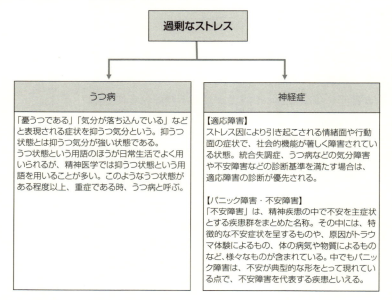

出典：厚生労働省　知りたいことからはじめよう　みんなのメンタルヘルス総合サイト
（https://www.mhlw.go.jp/kokoro/know/disease.html）をもとに作成

●メンタルヘルス不調者が現れる３つの原因

　医師専用コミュニティーサイト「MedPeer」などを運営するメドピアが、2019年6月4〜7日にインターネット上で同社サイトに登録している現役産業医500人に実施したアンケートによると、メンタルヘルス不調者が現れる原因第1位は「職場の人間関係」でした。

　特に問題となっているのは「上司との人間関係」で、回答した医師からは「上司と相談した上で目標設定を行っているはずだが、無理をしているように感じることがある」「新人が業務を分かりやすく教えてもらえない状況が続いて鬱になり、精神科を受診して1か月休職になったケースがある」といった意見も出ていました。

　第2位は「長時間労働／業務過多」、第3位は「パワハラ」で、その後「仕事の難易度／能力・スキル不足」、「目標達成へのプレッシャー」と続きます。

第1節　メンタルヘルス対策の現状

《図13》従業員のメンタル不調の原因で、多いものは？

（選択式／1～3つまで選択）

順位	メンタル不調の原因	件数
1	職場の人間関係	404
2	長時間労働／業務過多	236
3	パワハラ	161
4	仕事の難易度／能力・スキル不足	126
5	目標達成へのプレッシャー	79
6	家庭の問題	69
7	低賃金	29
8	職場の設備環境	26

出典：メドピア株式会社　産業保健支援サービス「first call」「産業医500人に聞いた　従業員のメンタル不調の原因」

《図14》メンタル不調の原因となる「職場の人間関係」で最も多いものは？

（択一選択式）

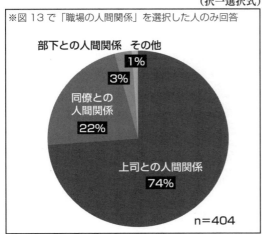

出典：メドピア株式会社　産業保健支援サービス「first call」「産業医500人に聞いた　従業員のメンタル不調の原因」

第2章　IT業界におけるメンタルヘルス問題の乗り越え方

《図15》従業員がメンタル不調になっている可能性があるときの分かりやすいサインは？

（選択式/1〜3つまで選択）

順位	メンタル不調のサイン	件数
1	遅刻や欠勤が増える	252
2	表情が暗くなる	250
3	ミスが増えたり、作業効率が落ちる	216
4	睡眠不足、不眠になる	209
5	口数が減る	114
6	イライラする	78
7	食欲が低下する	46
8	頭痛を訴える	35

出典：メドピア株式会社　産業保健支援サービス「first call」「産業医500人に聞いた　従業員のメンタル不調の原因」

《図16》従業員のメンタル不調を早期発見するために、経営者や人事の方が行った方が良いことは？

（自由記述から集計）

順位	経営者・人事が行った方がいいこと	件数
1	従業員との日常的な会話	78
2	定期的な面談	72
3	ストレスチェックの実施	36
4	アンケートの実施	21
5	相談窓口の設置／相談しやすい環境づくり	15
6	メンタルヘルスに関する研修や啓蒙活動	14
7	勤怠状況の把握	13
8	残業規制や休暇の確保	13

出典：メドピア株式会社　産業保健支援サービス「first call」「産業医500人に聞いた　従業員のメンタル不調の原因」

メンタル不調の可能性がある人には、どんなサインが表れるのでしょうか。第1位は「遅刻や欠席が増える」で、次いで「表情が暗くなる」「ミスが増えたり、作業効率が落ちる」「睡眠不足、不眠になる」でした。

回答者からは「突発的な休み、特に月曜日の休みが多くなる」「ミスが増えて自責的になる」「健康状態に問題はないのに、急に腹痛や頭痛を強く訴える」といった具体例も寄せられており、また企業に対しては、早期発見のために「従業員との日常的な会話」や「定期的な面談」をすすめる声が多かったようです。

●メンタルヘルス不調を抱えた労働者のその後の状況

「平成29年労働安全衛生調査（実態調査）」では、メンタルヘルス対策に取り組んでいる事業所の割合は58.4%（平成28年調査56.6%）となっており、事業所規模が大きくなるほど高く、100人以上の規模で95.5%となっています。（ちなみに初版執筆時は300人以上で90%超え）わずか数年で企業の意識変化がうかがえる数値といえます。これは2015年12月1日から施行されたストレスチェック制度の影響も大きいと思われます。

メンタルヘルス対策の取組内容（複数回答）は、「ストレスチェック」64.3%、次いで「メンタルヘルス対策に関する労働者への教育研修・情報提供」（40.6%）、「メンタルヘルス対策に関する事業所内での相談体制の整備」（39.4%）となっています。ストレスチェックを実施しながら、ラインケア・スタッフケアを進め、社員の働き方に配慮している傾向がうかがえます。

IT業界では、そもそもメンタルヘルス不調者が潜在的にも多い業種とされているにも関わらず、積極的にメンタルヘルスケアに取り組んでいる企業は少なく、企業規模が小さくなるほど後手に回っている面があります。

特に、企業規模が小さいほど会社の姿勢や就業環境に問題があり、メンタルヘルスに不調をきたすケースが多いのですが、不調をきたしても配置転換や人員配置を変更するだけの余裕が組織になく、短時間勤務を導入して対処するだけの業務量もないことから、結果として退職せざるを得ないという形が多いのが現実といえます。

第2節
ＩＴ業界に多いメンタルヘルスリスク

◉過重労働から発症するメンタル不全

　2018年度の「脳、心臓疾患及び精神障害等に係る労災補償状況について」（厚生労働省）によると、精神疾患の労災請求件数が1,461件、うち労災認定件数が465件と、約4割に近くの労災請求が認定されています。電通事件[※2]を契機として、1998年に精神障害での労災認定基準が定められ、労災請求件数、労災認定件数も年々増加しています。

　また、精神疾患を原因とする自殺（自殺未遂を含む）に係る労災請求件数169件のうち、半数以上の93件が労災認定されるなど、うつ病などの精神疾患は、「個人的な要因から発症する」との解釈から「職場環境などの要因も発症に起因している」と捉えられるようになってきました。

　メンタル不全が労災に当たるのかという点については、平成23（2011）年12月26日付の「心理的負荷による精神障害の認定基準について」（厚生労働省）で、新たな認定基準が提示されています。それによると、メンタル不全が労災認定とされるには、次の3要件すべてを満たしていることが必要とされています。

[※2]**【電通事件（最二小判H12.3.24）】**
　新入社員のＡ（男性・24歳）が、入社2か月後の配属以降、慢性的な長時間労働が続き、「自信がない、眠れない」と上司に訴えるようになったほか、異常行動もみられるようになり、入社1年5か月後に自殺した事案です。
一審（東京地裁1996年3月28日判決）では、会社に約1億2,600万円の賠償金の支払いが命じられ、これを不服とした会社は控訴し、二審（東京高裁1997年9月26日判決）では、Ａの性格や両親の対応を理由に賠償額が減額され、約8,900万円の支払いが命じられました。会社側はこれを不服と上告し取消を求めました。二

審の損害額の算定（減額）についての判断を破棄、差戻しとされましたが、その後の差戻審（東京高裁における審理）で、最終的に会社が約1億6,800万円を支払うと内容で和解が成立してます。
　この裁判で、長時間労働によるうつ病の発症から、うつ病罹患の結果としての自殺という一連の連鎖が認められ、業務との因果関係があるとされた事により、従業員の過労自殺に関わる民事上の損害賠償請求事案について、因果関係を認めた初めての最高裁判決として重要な意味を持っているとされます。

①労災認定基準となる精神障害を発病している

②労災認定基準となる精神障害を発病前おおむね6か月の間に、業務による強い心理的負荷（業務による具体的な出来事があり、その出来事と、その後の状況が労働者に強い心理的負荷を与えている状況）が認められる

③業務以外の心理的負荷や個人的な事情により、労災認定基準となる精神障害を発病していない

　特に、業務による具体的な出来事として、長時間労働は心身の極度の疲弊・消耗をきたし、うつ病等の原因となることから、長時間労働については次のような4つの評価基準が提示されています。

①発病直前の1か月間におおむね160時間以上の時間外労働を行った場合

②発病直前の3週間におおむね120時間以上の時間外労働を行った場合

③発病直前の2か月間に連続して1か月当たりおおむね120時間以上の時間外労働を行った場合

④発病直前の3か月間に連続して1か月当たりおおむね100時間以上の時間外労働を行った場合

　上記以外でも、他の出来事と関連した長時間労働も評価するとしており、例えば転勤先で新業務に従事し、その後、1か月に100時間程度の時間外労働を行った場合なども評価するとしています。

　この業界の問題としてもよく取り上げられる「過重労働」は、メンタルヘルスにも影響が大きく、無視できるものではありません。過重労働が長期間続くと、肉体的ダメージだけでなく、精神的ダメージも知らず知らずのうちに受けてしまうとされています。

　性格的にも生真面目で内向的な人が多い業界だからでしょうか、うつ病などの精神疾患は、プログラマーやシステムエンジニアがかかりやすいともいわれています。また、これらの職種は他の職種以上にうつ病になりやすい要因を数多く抱えており、以下のような職場環境などからメンタル不全を引き起こすとされています。

①慢性的な人員不足に加え、膨大なメールのやり取りなどで長期間に渡って昼夜を問わず激務を強いられる
②プロジェクトごと、開発フェーズごとのメンバー入れ替えや客先常駐などによって周囲とのコミュニケーションが希薄になりがちで、気軽に相談できる相手がいない
③技術革新が激しく、将来に関して漠然とした不安を覚える

●長期間の過重労働による肉体的ダメージと精神的ダメージ

　メンタル不全は心の病気であるため、精神的な症状ばかり出ると思われがちですが、実は自覚症状として最初に気付くのは体の不調です。

　「睡眠障害」「疲労・倦怠感」「食欲不振」「頭痛・頭重感」「めまい」「性欲減退」「便秘・下痢」「体重減少」「肩こり」「背部痛」など、ごく日常的に感じるものばかりで、これらの症状は9割近いメンタルヘルス不調者にも見られます。このようにメンタルヘルス不調者は、憂うつな気分や不安など精神的な症状に気付かず、頭痛や肩こりなど、体の不調を訴えがちです。

　過重労働の改善も当然に必要とされますが、上記のような体調不良のサインをしきりに訴える社員がいる場合には、メンタル不全の可能性を考慮し、早めに専門医を受診するように会社側も促すことが大切です。

　メンタルヘルスへの対策は、メンタル不全に陥ってからではなく、陥る前にいかにサインを見つけ出し、ダメージが大きくならないようにするかがポイントとなります。定期的なメンタルヘルス検診や、外部の専門カウンセラーの活用など、会社としても対策を講じる必要が今後増えてくるといえそうです。

　なお、うつ病の代表的な兆候と判断基準をまとめたのが図17です。メンタルヘルス対策の参考にしてみてください。

　うつ病などの精神疾患が原因による私傷病休職（業務上の理由ではない個人の病気やケガが原因での休職のこと）については、主治医の診断書を会社に提出してもらうようにします。提出された診断書の内容に疑義が生じるようであれば、会社が指定する産業医や専門医の診断を受診するように促します。また、休職開始後の関係者や主治医との連携、休職期間中の状況報告の方法など、休

第2節　IT業界に多いメンタルヘルスリスク

《図17》うつ病の兆候と判断基準

【うつ病のサイン】
①いずれかが2週間以上ずっと続く
②それが一日中ほぼ絶え間なく感じられ長い期間続く
- 抑うつ気分（憂うつ、気分が重い）
- 何をしても楽しくない、何にも興味がわかない
- 疲れているのに眠れない、一日中ねむい、いつもよりかなり早く目覚める
- イライラして、何かにせき立てられているようで落ち着かない
- 悪いことをしたように感じて自分を責める、自分には価値がないと感じる
- 思考力が落ちる
- 死にたくなる

【周りからみてわかるサイン】
- 表情が暗い
- 以前に比べると涙もろくなった
- 最近は反応が遅い
- 何だか落ち着かない
- 以前より飲酒量が増える

【身体に出るサイン】
- 食欲がない、体がだるい、疲れやすい、性欲がない
- 頭痛や肩こり
- 動悸
- 胃の不快感
- 便秘がち
- めまい
- 口が渇く

出典：厚生労働省「知ることからはじめよう　みんなのメンタルヘルス」（https://www.mhlw.go.jp/kokoro/know/disease_depressive.html）をもとに作成

職期間中のケアを休職開始までに決定しておくようにします。

　復職にあたっては、2004年10月に厚生労働省より発表され2009年3月に改定された「心の健康問題により休業した労働者の職場復帰支援の手引き」を参考に、社員からの職場復帰の意志表示、主治医・産業医等による職場復帰可能の判断の後、職場復帰支援プランを作成し、最終的な職場復帰の決定を行います。職場復帰にあたっては、個々の症例や従前の業務内容等より判断します。

　例えば、元の状態にもよりますが、まず通勤に慣れるために、出勤し直ちに退勤するというパターンを1〜2週間ほど繰り返します。出勤・退勤に慣れたら、会社の在籍時間を徐々に延ばしていきながら、仕事に従事するようにして

65

いきます。

　会社での在籍時間を徐々に延ばす緩和勤務は、個々の状態に応じて、数か月かけて実施する場合もあります。

　本人の早く復職したいという意思と、会社側も早く通常通りに勤務してもらいたいという希望から、緩和勤務の時期をあまり長く取らずに通常の勤務形態に戻すと、本人が考えている以上に仕事でのストレスを感じてしまい、再発してしまうことがあります。復職にあたっては、本人も会社もあまりあせらずに、主治医や産業医の判断を仰ぎながら、復帰支援を行うようにします。

　なお、職場復帰支援プランを作成するにあたり、図18の点について検討する必要があります。

● SE、プログラマーならではの「うつの特性」と３つの対策

　「気分が沈む」「何だかやる気が出ない」「最近、頑張れない」というように感情面からの不調を感じるものが、一般的な「うつ病」とされています。ところが、SE、プログラマーなどエンジニアの場合は、「仕事ができない」「思ったように能率が上がらない」「他のエンジニアとの仕事に差がある」というように、頭の働きが悪くなるとされるものがうつ病の特性にもなります。

　つまり「何だか最近、自分の仕事の能率が落ちていて仕事が進まない」という悩みから入るため、本人は自分が一般的なうつ病だとは思えず、仕事の能率を上げようと休みなく遅くまで仕事を続けてしまい、かえって症状は悪化してしまうのです。一般的なうつ病と比べて、このケースのうつ病はより治りにくいものとされています。

　本来であれば心の病というのは、こういった初期段階で手を打たないといけません。しかし、SEやプログラマーに特有の「うつ病」は本人が病気だと認識しにくいため、症状が悪化してから発覚することとなります。またSEやプログラマーは、他の職種に比較すると、うつ病の発生率が高い面があります。

　エンジニアの場合は、うつ病の症状が出ていても、それを仕事や自分の能力が原因と感じているせいか、自分の状態を客観的に把握するのが苦手なようです。ディスプレイを見る時に「目の焦点が合わない」「目が疲れやすい」「肩が凝る」「だるい」「集中できない」など顕在的な症状も、うつ病の症状のひとつ

第2節　IT業界に多いメンタルヘルスリスク

《図18》職場復帰支援プラン作成のための注意点

職場復帰日	復帰のタイミングについては、労働者の状態や職場の受入れ準備状況の両方を考慮した上で総合的に判断する必要がある。
管理監督者による業務上の配慮	・業務でのサポートの内容や方法 ・業務内容や業務量の変更 ・就業制限（残業・交代勤務・深夜業務等の制限又は禁止、就業時間短縮など） ・治療上必要なその他の配慮（診療のための外出許可）など
人事労務管理上の対応	・配置転換や異動の必要性 ・本人の病状及び業務の状況に応じて、フレックスタイム制度や裁量労働制度等の勤務制度変更の可否及び必要性 ・その他、段階的な就業上の配慮（出張制限、業務制限（危険作業、運転業務、高所作業、窓口業務、苦情処理業務等の禁止又は免除）、転勤についての配慮）の可否及び必要性
産業医等による医学的見地からみた意見	・安全配慮義務に関する助言 ・その他、職場復帰支援に関する意見
フォローアップ	・管理監督者によるフォローアップの方法 ・事業場内産業保険スタッフ等によるフォローアップの方法（職場復帰後のフォローアップ面談の実施方法等） ・就業制限等の見直しを行うタイミング ・全ての就業上の配慮や医学的観察が不要となる時期についての見通し
その他	・職場復帰に際して労働者が自ら責任を持って行うべき事項 ・試し出勤制度等がある場合はその利用についての検討 ・事業場外資源が提供する職場復帰支援サービス等の利用についての検討

出典：「改訂　心の健康問題により休業した労働者の職場復帰支援の手引き」（厚生労働省）を加工して作成

67

なのですが、これを意識せずに働き続けてしまう傾向があります。エンジニアは、自身の体調が示すサインを、もう少し気にかける必要があるといえます。

　また、エンジニア特有の不調の原因は、脳の特殊な部分の疲れだとされています。そもそもエンジニアという仕事は、人類の長い歴史の中で、これまでになかったような仕事ですので、これまでにない形で人間の脳を使っているといえます。

　人間の脳は、感性、欲求、生命維持機構など、様々な機能を司っており、その中で、エンジニアが多用する論理的な能力やプログラミング能力というのは、脳の中でも極めて狭い範囲を使っているといえます。脳の中での小さいネットワークを酷使していることでの疲労度については、まだ十分な研究がなされていません。

　そういう意味では、エンジニアの心の不調と他の職種における心の不調とは、まったく別のものだともいえます。病気も起こりやすいでしょうし、うつ病の性質も全然異なるものでしょう。抗うつ剤を投与したとしても、脳の特別な疲れを癒やすという効能がないのであれば、薬を使用すれば何とかなるという通り一遍の形では効き目の検証は難しいでしょう。

　新しい職業だからこそ、そのストレスや疲労度を軽減させることが難しいともいえます。例えば営業職の人であれば、同僚と居酒屋に行って上司の悪口を言うことでストレス解消ができるかもしれませんが、エンジニアは、そもそも直接的なコミュニケーションを苦手とする人が多いこともあり、対人間のコミュニケーションではストレスを解消できないような疲れが蓄積されていくわけです。

　では、調子の悪さを自覚した時、エンジニアはどうすればよいのでしょうか。その対策として、次の3点が挙げられます。

①サプリメントの摂取

　特殊な仕事のために脳が栄養不足になり、ダメージを受けた状態には、ダメージを修復する意味でサプリメントの摂取が効果的だとされます。

　よく効果があるとされるのは、脳の回復を助けるものの1つが大豆ペプチド、そしてもう1つがDHA（ドコサヘキサエン酸）です。

エンジニアは目を酷使しますので、目の疲れを訴える人も多いのですが、目の疲れには、アスタキサンチン、ルチン、ブルーベリーエキスが効果があるとされます。目の疲れは肩こりにつながることもありますので、目の疲れを早く回復させるために利用してみてもよいでしょう。

女性にはホルモンのバランスを整えるという意味で、イソフラボンやローヤルゼリーがおすすめとされています。特にエンジニアの女性に多いと感じる生理不順にも効果があるようです。

②運動を取り入れる

とかく運動不足になりがちなエンジニアには、ストレッチも有効です。例えば、目から肩の凝りをほぐすために、首を左に20回、右に20回ずつ回してみる。これを1日に2〜3回やるだけでもかなり違います。首を回すだけであれば、ちょっとした休憩時間などに、座ったままで簡単にできますので、試してみてください。

③ネット以外の外界に接する

これらに加えて、もっと外界に接することも重要といえます。職場までの移動時間だけでなく、自宅でもオンラインゲームに没頭してしまう人が多くいますが、これを意識的に一定時間オフにして脳を休め、リアルの自然や人間を相手にして、感性の領域を広げることが大事です。

●多忙、睡眠不足、不眠の悪循環

エンジニアに多い心身の失調の中でも、特に顕著なのが「睡眠不足」です。

エンジニアは仕事柄なのか、夜になればなるほど目が冴えてきて、新しいアイデアが浮かんだり、仕事がはかどったりするため、夜中心の生活をしている人が多いとされます。

このような生活をしていると睡眠不足が気になりますが、エンジニアに特徴的なのは、忙しくて睡眠時間が短くなると同時に不眠になりやすいという点です。

仕事が忙しくて睡眠時間も短くなっていたら、疲れも溜まってきますので、

普通であれば睡眠は長く深くなるはずです。ところが、業務多忙で睡眠不足になっても、眠りが深くならない人が多いのが、どうも問題のようです。

　原因として考えられるのは、やはり脳を使い過ぎているためか、興奮や疲労の蓄積が残ってしまい、なかなか寝付くことができず、眠ってもすぐに目が覚める状態になりやすいようです。

　睡眠障害や不眠はメンタル不全を引き起こしやすいため、この不調が現れてきた場合には、早急な対応が必要です。

第3節 入社採用時のメンタル不全を見極める

●入社時の適性試験・面談でメンタル不全を見抜く４つの方法

　メンタルヘルスに不調をきたしやすいかどうかは、人によって大きく異なります。企業の採用担当者からすれば、メンタルヘルス不調者やその予備軍を採用したくないというニーズは、密かに重大な課題になっているのが現実です。

　各部署からは「精神疾患のない人を配属して欲しい」と要求されることが当たり前のようになり、採用担当者は「どうやったら見抜けるのか」と頭を抱えることになります。

　実際に採用時点で精神疾患者を判断するのは難しく、健康診断書を持参したとしても、そこには精神疾患に関する既往症歴などは記載されていません。一度入社をしてしまうと、その後に、精神疾患を発症したからといっても、よほどのことがない限りは辞めてもらうというわけにはいきません。

　とはいえ、採用の段階で何とか見破っていくしかないため、様々な対策を講じているのが現状です。

　ここでは、採用面接時に有効な４つの方法を紹介します。

①採用面接時にアンケートを準備し、既往症を含め、病歴を確認する

　採用の自由は最高裁でも認められており、精神疾患の既往歴を確認することは法的に可能です。ただ、面接中に面と向かって「うつ病になったことはありますか？」とストレートに聞けません。

　そこで、他に確認したいアンケート項目と併せて、健康状態に関する質問項目を記載したアンケートを用意し、そこにメンタルヘルスに関する質問項目を入れておき、採用面接時に事前に記入してもらうようにするとよいでしょう。

　記入にあたっては「記載したくない項目は記載しなくても構いません」というスタンスにし、「答えたくない」とされた場合でも執拗に聞くようなことはせずに、採用時の判断材料のひとつとして捉えるようにします。

　それでも精神疾患の病歴を隠されて「健康」であると嘘をつかれる可能性は

否めませんが、入社後に会社に申告していない既往歴が発覚すれば、入社時の虚偽申告になるので懲戒処分の対象とすることが可能です。

　健康状態の「虚偽申告」は、本来、懲戒処分の対象になり得るものですので、万が一のためにも、入社前に必ず病歴を確認するようにして、併せて就業規則の懲戒規定を整備しておくべきでしょう。

②採用面接時間を「朝イチ」に設定してみる

　以前に精神疾患を発症して既に治っている場合、入社時点では症状を発症していませんので、過去の精神疾患を理由に不採用とすることは、応募者に対する不利益ともされかねません。

　そうはいっても入社後に再発されてしまうと、業務に支障が生じてしまいます。そこで健康に問題がありそうな社員を採用して無理に働かせない方法のひとつとして、朝一番に採用面接を設定し、スクリーニング（選別）を行う方法があります。元々エンジニアは朝が弱い人が多いとされますが、一般的にうつ病などの精神疾患者も、朝が弱いとされます。朝の面接に負担感があるようであれば、その理由を尋ねてみましょう。病気の症状ではなく、前日の飲酒による二日酔いだったりするかもしれませんが、その場合には、違う視点でアルコール依存がないか、セルフコントロール能力に問題がないかを確認するようにします。

③採用面接時の挙動から見抜く

　採用は、相手がエントリーしてきた時点から、自社に合っている人材かどうかの判断がスタートしています。そういう意味では、応募連絡をしてきた際のやり取りなどで気にかかる点はなかったどうかを確認します。少しでも気になる点があった場合には、応募者の状況として記録しておき、採用面接時にその記録を再度確認するようにします。

　実際の面接時には、面接会場へ入室する時から面接が終了し、退場するまでの挙動におかしな点がなかったかを確認します。特に、面接している最中の目の配り方・合わせ方（面接官が目を合わせようとしても合わせない）、緊張からくるものではない手先の震えなど、ちょっとしたことも見逃さないようにし、

面接終了後に他の面接担当者と認識に違いがないか確認します。

　少しでも気になる点があったら記録しておき、後日、再度面接を行うなどの判断材料のひとつとします。

④適性試験の一環としてストレス耐性テストを行う

　採用面接時の挙動だけでは客観的判断とはみなしにくいため、もうひとつの判断材料として、ストレス耐性や心の状態を調べるテストを実施します。

　それ以外にも、仕事に対する達成意欲、社会規範に対する捉え方、コミュニケーションの傾向などについても併せて確認をし、個人の特性を把握するようにします。テストの内容によっては、「職場不適応症」や「新型うつ病」といわれる様々な「不安障害」「気分障害」「適応障害」「発達障害」の傾向が判定できるものもあります。

　最近では、行政より公表されている簡易チェックシートのようなものから、民間の専門企業が有料で実施しているものなど、様々なテストが実施できるようになりました。

　自社に合ったものをピックアップし、採用面接時に限らず定期的に実施し、社員の「今の」心の状態を図り、事前に対処できるようにしておくべきでしょう。

第4節
試用期間中の取扱い

●試用期間満了時の解雇は簡単ではない

　「入社した日から3か月間は試用期間、本人の能力・経験によって試用期間は短縮したり延長したりする場合もある」。これはどこの会社でも採り入れているルールで、試用期間のない会社はまずありません。

　IT関連企業でも、同様に試用期間を設けて社員を採用します。

　「入社して1週間も経たないうちに突然出社しなくなり、連絡が取れなくなる」「派遣先で就業していると思っていたら、派遣先には出勤していないことが派遣先の指揮命令者からの連絡ではじめて判明した」「本人は採用選考時にこの技術は使えるといったのに、実際にプロジェクトにアサインしたら、まったく使えなかった」などと、採用選考だけでは見抜けなかった事例が、残念ながら多数あります。

　会社が試用期間を設けるのは、「雇用のミスマッチを防ぐため」「職務上の適性を判断するための期間」など様々な理由があります。試用期間は、不適格者の排除と教育のための重要な期間であり、会社と社員との相性を図るための期間です。この期間を「解雇権留保付労働契約」といい、本採用後よりも解雇が認められやすいとされています。

　しかし、採用取消となると、客観的で合理的な理由を欠き、社会通念上相当であると認められない場合は、その権利を濫用したものとして無効とする、との判例上の解釈がされていることからも、試用期間中だからといって安易に採用取消にできるものではありません。試用期間中の解雇は、解雇理由の妥当性を厳しく問われますので、多少要件が緩い試用期間満了時をもって解雇する方向で扱うか、または自らの意思で退職をする事を本人が選択するほうが結果として良い場合もあるといえます[※3]。

　IT関連企業で、特に中途採用の場合は、試用期間中に本人の保有スキルやマネジメント能力、同じプロジェクト内でのコミュニケーションスキルなどを

会社側は判断しなければならず、採用選考時に本人が申告してきた内容と差異があるようであれば、試用期間中に採用を取り消し雇用契約を解除せざるを得ない場合もあります。

　このように試用期間中に採用取消としなければならない合理的な理由を就業規則などに具体的に定め、なおかつ試用期間中は、定期的に面談を実施し、問題はないか確認を行う必要があります。具体的には次の5つが挙げられます。

①**本人が申告している技術スキルなどに違いはないか**
②**仕事のパフォーマンスは高いか**
③**参加しているプロジェクトメンバーとの相性はよいか**
④**健康上の問題はないか（精神疾患、適応障害などはないか）**
⑤**勤務態度に問題はないか**

　試用期間中に判断したいこれらの事項を明確にしておくことで、試用期間終了時に採用を取り消すことになった場合でも十分に合理性がある理由とされますので、会社と社員双方の納得が得られやすいものとなります。

●試用期間は最長6か月に留める

　試用期間の長さについては何ら決まりがありませんが、IT関連企業では、通常は3か月〜6か月程度の期間とします。あまり長期の試用期間では、社員の側からすると、いつまでも正社員となれないことから、会社に対して不信感を抱きかねません。また優秀な人材の確保が難しくなる状態を作り出すことにもなります。通常は、長くても6か月程度に留めておくべきでしょう。1年間の試用期間は、公序良俗に反するため無効とされる可能性があります[4]。

　エンジニアやプロジェクトマネージャーなど、一定レベル以上のスキルを求

---

[3]**【大日本印刷事件（最二小判S54.7.20）】**
　大日本印刷から採用内定を受けていたAさんが、企業側から突然の内定取消通知を受け、裁判を起こした事例です。会社側は「採用内定は手続きの一過程に過ぎない」「内定取消をするかどうかは会社の自由である」と主張。併せて

採用面接の際のAさんが「グルーミー（陰鬱）」な印象であり、「採用内定後に人物を改めて見極めたうえで採用を決定する」と主張しました。第一審、第二審、最高裁ともAさんが勝訴し、会社側の内定取消は解約権の濫用とされました。

められる社員に対して試用期間を設ける場合は、当初から6か月程度とし、その後の状況を見ながら試用期間を短縮していく方法を取るのが現実的といえます。

　ちなみに試用期間6か月という期間は、入社日（＝雇用された日）より6か月経過した時点で、80％以上の出勤率を満たしていれば年次有給休暇の付与条件を満たすことから、「有給休暇の付与は社員としての身分保障がされる」とも解釈されています。

　就業規則上での試用期間は3か月と定められているが、雇用契約書での試用期間は6か月となっているような場合は、就業規則で定めた試用期間よりも雇用契約書上での試用期間のほうが長いため、不利益変更であると判断される可能性があります。このような扱いとされないためには、就業規則上で「各社員との雇用契約により、試用期間を当初より伸長する場合がある」と規定しておきます。

　なお、「試用期間中で本採用の可否決定が難しい場合に、試用期間を延長することがある」と就業規則に定めることがありますが、これとは意味が異なるので注意してください[5]。

●試用期間はコミュニケーションギャップが生じやすい

　試用期間が終了する間際に本人と面談をし、試用期間中の就業状況を確認したり、本採用に向けての心構えなどを伝えたりするだけでは不十分です。

　入社してしばらくの間は、無意識のうちに互いに遠慮し合いコミュニケーションギャップが生じがちですので、試用期間中は社員との面談を定期的に行

---

[4]【ブラザー工業事件
　（名古屋地判S59.3.23）】

　ブラザー工業は当初、入社後6か月を「見習社員期間」その後さらに6か月～12か月の試用期間を設けていました。この事件では、裁判所は「試用期間中の労働者は不安定な地位に置かれるものであり、見習社員の期間の上に更に試用期間を設け、結果1年以上労働者は安定した立場にはならない」という判断を下しました。会社側が敗訴となりました。

[5]【安田火災海上保険事件
　（福岡地小倉支判H4.1.14）】

　代理店の研修生が第1次の研修期間終了後、第2次研修期間の研修生として再採用されなかったのに対して、地位確認等を求めた事件です。

　会社側では研修期間を2年とし6次の研修期間を設け、各期間の終了毎に適格者のみを次の段階の研修生として再採用する制度を取っていました。

第4節　試用期間中の取扱い

い、十分なコミュニケーションを取るようにします。

　勤務態度などに問題があると認められる場合は、面談の場を利用しながら直接注意・指導をし、改善を求めます。また、面談の場をつうじて、勤務上の疑問点などを社員から吸い上げるように努めましょう。

　裁判所は、「本件の雇用契約は、各研修期間終了時において使用者が解約権を行使することができる2年間を通した1個の連続した契約である」とし、雇用契約が各研修期間の満了により終了するためには、「再採用の拒否が許される場合でなくてはならず、客観的に合理性があり、社会通念上相当として是認される場合でなければならない」としたうえで、本件の場合、研修生の一連の勤務態度不良は就業規則違反に該当するとして、使用者の解約権行使には客観的に合理的な理由があり、社会通念上相当であると認めることができると判断しました。

第2章　IT業界におけるメンタルヘルス問題の乗り越え方

@ 第5節
休職と復職

◉IT関連企業での休職・復職問題

　多くの企業では、休職・復職の制度を設けています。

　「休職制度」は、病気やケガなどで長期療養が必要となった場合でも、一定期間は社員としての身分保障をしながら、就労義務を免除することを会社が認める制度です。

　「復職制度」は、休職期間中または休職期間が満了した時点で、原則として元の職場・仕事に戻る制度です。復職にあたり、スムーズに元の職場に戻れるように、一定期間は短時間で勤務するなどの緩和措置を取るなどします。

　この休職・復職の制度そのものは、労働基準法で規定されているものではないため、就業規則に具体的な運用ルールを定めることによって有効になります。

　システム開発などは納期が決まっているため、カットオーバーが迫ってくると、エンジニアは過重労働に陥りがちです。プロジェクトが思うように進んでいない場合、その傾向はなおさら強くなり、会社で寝泊まりする日が続くこともざらではありません。そうした過重労働でストレスが溜まると、うつ病などのメンタル不全にかかりやすくなります。

　前述の通り、IT業界では他の業界に比較してうつ病などのメンタルヘルス不調者が多いといわれ、精神疾患による休職者が圧倒的に多いのが実情です。また症状が重くなってから対処するケースが多いためか、休職・復職制度を利用しても、復職を果たせず退職するケースも見られます。

　担当プロジェクトの業務負担からストレスを感じてしまい、派遣先へ出社しているのかと思えば、誰にも相談することなく、会社にも何の連絡もなく欠勤していることもあります。ひどい時はまったく出社しないまま本人と連絡も取れず退職に至ったりしているケースもあるため、企業側も休職・復職の制度の利用など、想定していない事態を検討しなければならなくなり、対応に苦慮することになります。

　特に技術者派遣の場合は、急に休職をしてしまうとプロジェクトの進捗にも

第5節　休職と復職

支障が生じるため、派遣先企業にも多大な損害を与えかねません。そこで、急遽代替要員をアサインして派遣する必要がありますが、どの程度の休職期間となるのかが見えないと、必要な人材の確保も容易ではありません、場合によっては外注企業を必要とするなど、プロジェクトそのものの原価アップにもつながりかねないのです。

　これは他の事業であっても同様で、システム開発関連の事業ではメンタル不全による休職・復職は大きな課題となりつつあります。

●プロジェクト終了時のバーンアウト型うつ

　メンタル不全を発症しやすいとされるものに「バーンアウト型うつ」と呼ばれるものがあります。

　仕様変更などにより作業工数が急激に増え、一時期に業務負荷が急激に大きくなった時、過大なストレスからメンタル不全が起きやすくなります。もっとも、こうしたケースでは周囲も状況を把握していることが多いため、ある程度事前に対処できますが、問題はプロジェクトの終了後です。

　プロジェクトがカットオーバーし、それまで毎日のように深夜まで続いた残業の日々から一気に解放され、生活スタイルが激変し、定時に仕事が終わるようになると、かえって何もやることがなく気が抜けたようになってしまい、やる気も覇気もなくなり、気付けばメンタル不全を引き起こしていることがあります。これはいわゆるバーンアウト型（燃え尽き型）という症状で、仕事の負荷が大きい時だけではなく、担当プロジェクトが終了した途端に「うつ病」を発症してしまうケースです。

　知らないうちに精神的に燃え尽きてしまっており、そのサインも見つけにくいため初期対応が難しいといえます。

79

第2章　IT業界におけるメンタルヘルス問題の乗り越え方

| 事例 | Example |

プロジェクトマネージャーを襲ったバーンアウト型うつ

　独立系システム開発会社のSEであるAさんは、1年以上に渡り、物流管理システムの構築にプロジェクトマネージャーとして携わってきました。開発途中で、システムの設計そのものにも影響があるほどの大きな仕様変更があり、開発工数もひっ迫する中でようやくシステムの納品・検収も終え、実運用がスタートしました。

　会社からは次のシステム案件が始まるまで期間が空いているため、少し休養するようにと2週間の特別休暇も与えられ、時間はもちろんのこと、気分的にも余裕がある日が続きました。

　特別休暇も終わり、次のシステム案件に関する下調べや資料を確認し始めたのですが、今までのように「さぁやるぞ！」といった気分になれません。むしろ、やる気がまったく出なく、新しい案件のことを考えるのも嫌になります。日を重ねるごとに体調も思わしくなく、朝起きるのもつらく遅刻が増えてきました。本人は不眠の影響かと考え、好きなお酒も控えめにして早めに就寝するようにしたのですが、一向に体調は改善されません。新しい案件もキックオフし、既に動き出しているのですが、相変わらず遅刻は減らず、出社時間は遅くなりがちです。最近では会社を休むことも増えてきてしまい、このままではプロジェクトの運営にも支障が生じると会社は判断し、本人に病院での診察を指示しました。「うつ状態」と診断されたため、まず1か月の休職を指示し療養をしてもらっています。

●出社しないまま退社するフェードアウト型うつ

　例えば、技術者派遣で常駐先の会社へ出社しているのかと思えば、何の連絡もなく何日も欠勤していて、派遣先企業から欠勤の連絡が入ってはじめて状況を知るといったケースです。結局、そのまま一度も出社することなく退職してしまいフェードアウトしてしまうケースです。これを「フェードアウト型うつ」と呼びます。

80

第5節　休職と復職

　自分が担当するプロジェクトでの業務負担が精神的に耐えられない状態にあるにも関わらず、相談できる相手が側にいない場合や、本人としては何度かSOSのサインを出していたものの、誰も気付いていなかったといった状況が、このフェードアウト型うつを引き起こす原因のひとつとされています。

事例　Example
Webデザイナーを襲ったフェードアウト型うつ

　Webデザイン会社のデザイナーAさんの働き方は、この業界にありがちな午後から出社するタイプです。午後2時頃に出社してきては、夜中まで仕事をして帰るパターンを繰り返していました。

　その会社では夜遅くまで仕事をしている人は多いのですが、Aさんは他の社員と会話することなく黙々と仕事をしていました。そんなAさんが唯一心を開いているのは、会社の代表でもあり、一流のデザイナーでもある社長です。社長にはプライベートも仕事上の相談もよくしていました。最近手がけていたデザインについても相談をしていたのですが、社長が忙しくなるにつれ、相談する機会も減ってしまい、いつしか誰とも話をせずに独りきりで仕事をするようになってしまいました。

　そんな状況が1か月程続いたところで、Aさんがここ2〜3日会社に来ていないことに社長が気付きました。あわててAさんに連絡を取ってみたものの、まったく連絡が取れません。

　その後、何度連絡をしても返答はなく、最終的には退職扱いとして対応する形になりました。

81

◉休職・復職の運用上のポイント

前述のように、システム開発案件の納期ひっ迫による過重労働の影響や、プロジェクトが一段落した後のバーンアウト（燃え尽き）などの原因により、エンジニアの中には目に見えないストレスの影響で、うつ病などの「メンタル不全」を発症し、結果として休職・復職を繰り返す人がいます。

休職制度は、病気にかかり長期療養が必要となった場合でも、一定期間は社員としての身分保障をしながら、就労義務を免除することを会社が認める制度です。

この制度は、労働基準法上で必ず定めなければならないと義務付けられているものではなく、会社が任意に取り決めて運用を行うものですので、運用をする際には、就業規則に具体的に規定しておく必要があります。

就業規則に規定する際は、本人に原因がある私傷病による休職（傷病休職）だけではなく、家庭の事情によるもの（自己都合休職）、関係会社などへの出向時を休職扱いにする場合（出向休職）や、社員が何かしらの事件で起訴された時の起訴休職など、休職となる可能性があるものを複数設定します。

社員の側からすると、休職制度があれば、病気で長期療養が必要となった時でも会社を辞めずに療養に専念できるという安心感があります。企業側からすると、社員が病気にかかり長期療養が必要となっても、休職制度があれば、病気回復後にはまた働いてもらえるわけですから、休職期間中の人員補充ができれば、新たに採用する必要もなく、また優秀な人材を失うこともありません。

休職〜復職を繰り返すケースに対処するには、就業規則の見直し・復職を否定する・退職勧奨を検討する必要があります。

まずは自社の就業規則を見直し、どの程度までであれば会社として許容できるのかよく検討した上で、休職・復職を繰り返す際に認められる休職期間を定めます。

就業規則は、「復職日から○○日以内に、同様または類似の疾患により再び休職するときは、休職期間を通算する。休職期間の通算は○回までとする。」と定めておくことで、休職と復職を短期間に繰り返しても前後の休職期間は通算され、自然退職扱いとします。

第5節　休職と復職

　復職否定は、復職可能＝就業可能な状態以外の社員は復職させないという方法です。復職に関する規定に、産業医および会社指定医師が復職可能と判断しない限り、復職させないと定めておき、主治医の思いやりによる復職できるとする診断を可能な範囲で排除するようにします。ただし、これは主治医の意思を無視してもよいということではありません。主治医の見解は労働問題に発展した時の判断でも大きなウエイトを占め、言うまでもなく重要な要素です。もし主治医と産業医（あるいは会社指定医師）の復職可否判断が異なる場合は、休職者本人の同意のもとで、人事担当あるいは責任者が、産業医同席で主治医と面会して、病状・回復に関する見解を一致させる努力をすることが大切です。

　退職勧奨は、労働者災害ではない私傷病による休職の場合で、出欠勤が繰り返されており、本来の労働契約の労務が提供されない状態であることを休職者に明確に伝え、会社としての姿勢を理解してもらうようにします。復職に対する配慮として、通勤だけから始め、さらにリハビリ目的の軽度作業を与える等の措置を講じるようにするようにします。ここで重要なのは、本人への説明やリハビリ勤務の記録を残し、退職までの手続き段階をしっかりと踏むようにします。よく状況を理解してもらえないまま退職勧奨等を行えば、本人にとっては職を失うという大きなショックとなり、自殺問題等に発展しかねません。

　それでも解決せず、解雇無効の労務問題や裁判となった場合は、会社側の休職者に対する配慮が十分であったか、手続きは十分に説明義務を果たしながら行われたかなどが争点になります。「面倒くさいから配慮せず、手続きはおろそかにして退職勧奨した」などは論外ですし、「就業規則に書いてあるから万全だ」などは、まったく根拠になりません。

　IT関連企業では、前述のメンタル不全による休職がここ最近増えており、また休職・復職を繰り返す社員が多いことから、社員自身が自身の不調に気付くことができるようにメンタルヘルスに関する教育を徹底しながら、会社としてはメンタル不全による休職が増えないよう、日頃から事前にメンタル不全の兆候がないか確認をするような対応が必要とされています。

●メンタル不全は私傷病か業務上災害か

　試用期間中にメンタルヘルスに不調をきたしてしまった場合、これは私傷病になるのか、または業務上災害と判断されるのでしょうか。

　メンタル不全を起こした場合、慣れない業務のストレスが主な原因なのか、プライベート事情が原因なのか、元々の本人の性格なのか、判断が付かないことが往々にしてあります。

　最近は、メンタルヘルス障害に関する労災認定基準が設けられていますが、実際に労災認定がされるかどうかの場面では、判断が割れることもよくあります。

　まず精神障害が労災と認定されるためには、以下の3つの基準を満たす必要があるとされています。

①認定基準の対象となる精神障害（国際疾病分類第10回修正版（ICD-10）第V章「精神および行動の障害」に分類される精神障害）を発病していること
②対象疾病の発病前おおむね6か月間に、業務による強い心理的負荷が認められること
③業務以外の心理的負荷や個体側要因により発病したとは認められないこと

　つまりメンタル不全を業務上災害と認定するには、一定の精神障害を発病し、この発病が業務上の原因が元で発病しており、業務での強いストレスが発病前に6か月程度継続している状況が求められます。

　特に「業務による強いストレスが6か月程度継続している」という点から見ると、3か月～6か月の試用期間中では、メンタル不全を起こしたとしても業務上の原因によるものと判断することは難しいといえます。

　精神障害の判断以外では、業務による強い心理的負荷があった場合や、長時間労働による強い心理的負荷があった場合には、ひどいハラスメント（嫌がらせ）等による精神障害の認定基準が設けられていますので、試用期間中であっても、これらに該当すると判断された際には、業務上災害とされる可能性が高いことになります。次に、具体的な3つのケースを挙げてみます。

①業務による強い心理的負荷があったと判断されるケース

　このケースでは、以下のような業務に起因する重篤な病気やケガ、ハラスメント行為によって強いストレスを感じた場合に、強い心理的負荷があったと判断されます。

1）生死に関わる極度の苦痛を伴う、労働不能となるような後遺障害を残す業務上の病気やケガをした場合

2）業務に関連し、他人を死亡させ、または生死に関わる重大なケガを負わせた場合

3）本人の意思を抑圧して行われたわいせつ行為などセクシュアルハラスメントを受けた場合

②長時間労働による強い心理的負荷があったとされるケース

　このケースでは、発病前の一定期間で長時間労働が発生しているという事実が認められる場合に、強い心理的負荷があったと判断されます。

1）発病日直前の1か月間におおむね160時間を超えるような極度の長時間労働を行った場合

2）発病直前の2か月間に1か月当たりおおむね120時間以上の時間外労働を行い、その業務内容が通常その程度の労働時間を必要とするものであった場合

3）発症前おおむね6か月の間、月100時間程度となる時間外労働が恒常的にある場合

③ひどいハラスメント（嫌がらせ）等による精神障害の認定基準

　このケースでは、セクシュアルハラスメント、パワーハラスメントが発生した状況によっては、強い心理的負荷があったと判断されます。

1）セクシュアルハラスメント、ひどい嫌がらせ・いじめ・暴行などの内容、程度、継続する状況、被害を受けた後の、会社の対応および内容、改善の状況、職場の人間関係などを総合評価して判断

2）部下に対する上司の言動が、業務指導の範囲を逸脱しており、その中に人格や人間性を否定するような言動が含まれ、かつ、これが執拗に行われた場合には、強い心理的負荷があったと判断される

労働基準法では、試用期間に関する具体的な定義は特に定められておらず、第20条ならびに第21条で、試用期間中であっても入社日（＝雇用された日）から引き続き14日を超えて雇用されている場合は、30日以上前に解雇の予告を行うか、解雇予告手当の支払いが必要となります。また、業務上の負傷や疾病が原因で療養する場合は、療養のために休業する期間とその後30日間は解雇が制限されます。また、第4節でも説明した通り、試用期間満了によって自動的に雇用契約が終了するわけではなく、解雇の手続きを別途行う必要があります。そのため、解雇予告が必要となることに注意しなければなりません。

●休職期間こそ自社に則した運用を

休職期間をどの程度とするかは、企業規模や体力に応じて設定する必要があります。

社員数が少なく、企業体力もあまりない会社が、大手企業の就業規則をそのまま流用し、休職期間を2年や3年としている例があります。

休職期間を長期の期間としている明確な理由があれば構いませんが、「他社の就業規則で2年と規定されていたから……」といったケースが大半です。

休職期間が長期になる場合には、いつ社員が復職できるのかタイミングが分かりにくく、その間の人材確保も容易ではありません。また、休職期間中の給与は無給でも構いませんが、社会保険料は会社負担分を含め発生します。当該者の業務を代わりに行うための人材も確保しなければならず、二重の人件費が発生することになるわけです。

休職期間中は労務の提供がされていないため、給与は無給で構いません。代わりに、療養のために労務不能であると医師が証明すれば、仕事を休み始めた4日目から、健康保険制度より休職者は傷病手当金の給付を受けることができます。給付額は、一番最初に給付がされた日以前の継続した12か月間の標準報酬月額を平均した額から日額を計算し、これの3分の2となります（年間平均した月額が300,000円の場合、支給額は6,667円）。この傷病手当金は、同一傷病に対して、支給が開始された日から1年6か月までの間は支給されます。退職後も一定の要件を満たしていれば、引き続き残りの期間について給付を受けることができます。

企業規模や会社の方針にもよりますが、中小企業では休職期間を設ける場合、3か月～6か月程度が妥当だといえます。勤続年数に応じて休職期間を設ける場合もありますが、この場合も長くて6か月程度までが妥当ではないでしょうか。なお休職期間中は労務の提供を免除されている状態となりますので、休職者は年次有給休暇の請求はできません。

●休職・復職ルールは医師の診断書、産業医の意見を取り入れる

休職制度を設ける以上、復職させる場合の制度も設ける必要があります。

休職期間が満了となるまでに復職できれば問題はありませんが、残念ながら休職期間が満了となるまでに休職理由が解消されない場合は、休職期間の満了をもって自然退職とします。

私傷病による休職から復職する時は、休職前の業務に就かせることを原則としますが、復職にあたり、通常は、休職前の業務に就いても問題ない程度まで健康になったと証明できるよう、医師の診断書を提出してもらうようにします。

復職できずに退職となることを避けようと、復職が可能であるような診断書を用意し、復職しようとするケースもありますので、一度復職した社員が一定期間内で同じ理由による休職をすることのないように制限を設けることを検討する必要があります。

医師の診断書は、あくまでも、当該の従業員が復職可能かどうかを会社が判断するためのものです。診断書の内容によっては会社が指定する医師の診断や、産業医の意見も取り入れて判断するようなルールにするとよいでしょう。

●復職の際に注意すること

復職にあたっては、周囲の社員の協力が必要となります。

特にメンタル不全による休職・復職の場合、特にエンジニアについては、一緒に働いてきた社員とうまくコミュニケーションできずに、また休職してしまう人も少なくありません。

メンタル不全から回復するには個人差があります。

1～2か月程度の休養で回復する人もいれば、数か月～1年ほどかかって回復される人もいます。ところが、メンタル不全に陥る人の多くは元々が真面目

な性格ですので、「休職をしてしまうと仕事に穴が空いてしまって迷惑をかけてしまう」との思いから、当事者自身が「休みたくない・休めない」と感じてしまうことがあります。そこで復職の際には、本人の状況に応じて、専門医の判断を仰ぎながら、休職時に属していたプロジェクトに戻すのではなく、いったん本社付きにして、短期間勤務制度を利用させるなどしながら、徐々に通常の勤務に就かせるようにしていきます。そうしないと、「早く自分の関わっていたプロジェクトに戻り、少しでも遅れを取り戻さなくてはいけない」という責任感から、復職してもすぐに、また休職してしまうことにつながってしまうからです。

◉休職制度運用上の３つのポイント

　休職制度は、社員が病気やケガにより、会社に対し労務を提供できなくなった時に、社員に対して一定期間、労務提供の免除を与えることを意味しています。

　社員が勝手に「医師の診断で休職が必要とされたので、〇月〇日から休職します」といってきたものを、会社が認めてしまっているケースを見受けますが、休職制度は、「会社には、休職を命令する権利があり、社員からの労務提供を免除し、一定の期間を設けて解雇を猶予するための措置である」との認識に立って対応することが肝要です。

　休職～復職制度の運用では、年次有給休暇と欠勤の扱いがポイントになります。具体的には、次の３点が検討点になるでしょう。

①一定期間の欠勤が発生した後に休職を命じるのか
②欠勤期間を設けずに休職を命じることとするのか
③年次有給休暇の消化を待ってから欠勤日をカウントし、その後に休職を命じるのか

　また、私傷病については「治癒」しているかどうかを判断基準とし、休職・復職を繰り返す時に休職期間が通算できるような配慮も必要となります。

　具体的には、復職を取り消す理由として「同一もしくは類似の傷病によって

欠勤したり、治癒していないために通常の労務提供ができなかったりする状態」である時には、復職を取り消し、休職させることとします。

休職命令は、法律上の制限があるわけではなく、就業規則上のルールをどこまで明確にしておくかがポイントとなりますので、どのようなルールが合理的であり、会社にマッチしているのかを十分に考慮する必要があります。

●解雇時の注意点

休職制度のうち解雇と関係してくるのは私傷病休職の場合です。

私傷病休職は、業務上ではない個人事情による事故や病気を原因として、一定期間欠勤や不完全な就業状態が続いた時に、就業規則などの規定に基づいて一定期間就業を免除し、休職とするものです。

休職期間の満了時までに治癒し、休職前と同程度に労務を提供できる状態に回復していれば復職となりますが、休職期間満了の時点で治癒していなければ、原則として労働契約は消滅することになります。

そもそも私傷病による休職期間は、解雇猶予期間であるといえます。

労働者は会社と締結している労働契約によって、労務を提供する義務があるにも関わらず、私傷病を理由にその義務を果たせないわけですから、本来であれば労働契約の解約理由になり得ると考えられます。

とはいえ、いきなりの解雇処分では厳し過ぎるため、「休職」という制度を設けて症状回復のための猶予期間を労働者に与えるのです。

この時点で、会社としては労働者に対して譲歩をしているわけで、いわば解雇回避努力を行っているものとみなせます。

つまり、労働者の復職にあたっては、治癒＝100％の状態で所定労働時間働けることを基準とすることは、会社側の当然の権利といえるわけです。

ちなみに、業務に関連した病気やケガといった「業務起因性」のある傷病については、解雇が制限されます（労働基準法第19条）。具体的には「労働者が業務上負傷し、又は疾病にかかり療養のために休業する期間及びその後30日間」は解雇できないこととなっています。

● 「退職」と「解雇」 それぞれの解釈

　休職期間満了の時点で治癒していない場合の労働契約の消滅については、退職扱いと解雇扱いの両方が考えられ、各企業が就業規則等にどのように規定しているかにより扱いが異なります。

　解雇の場合は、解雇予告や解雇予告手当支払いによる解雇手続きが必要となりますし、解雇権濫用の問題などが出てくる可能性があることから、退職扱いとしている会社が多いと考えます。

　この場合「退職」についても解釈が異なってきます。

　休職期間満了をもって退職となる場合、満了日をもって自動的に労働契約が終了するものとなるため、定年退職と同じく自然退職（会社側・従業員側の意思表示がなくても、就業規則で定める退職要件を満たしていれば、自動的に労働契約が終了すること）という考え方になります。本人から退職の申し出があり、これを会社が承認する自己都合退職ではありません。自然退職となるのか、自己都合退職となるのか、または解雇扱いとなるかは、**①就業規則などの退職事由に具体的に規定されているか、②休職の取扱上どのようなものであったのか**、により異なります。就業規則の退職条項部分に「休職期間が満了し、復職できないとき」と定めてあれば退職扱いとなり、解雇条項部分に同様の定めがあれば解雇扱いとなります。

　就業規則上で休職期間満了時の扱いについて具体的に定められていない、または解雇事由として定められている場合は、当然ながら自然退職にはならず、厳格な手続きを行うことが求められ、会社から解雇通知を発して解雇することが必要となります。

●解雇に際しての手続き

　解雇扱いとする場合、解雇日より少なくとも30日前までに解雇を予告するか、あるいは30日以上分の平均賃金を支払う必要があります。解雇予告日数と解雇予告手当は日割り換算できますので、解雇日の10日前に解雇を予告し、残り20日分の解雇予告手当を支払うという形も可能ではあります。

　実務上では、必ず書面で解雇予告日を通知し、解雇手続きに伴い発生する残

務整理や賃金債権の有無なども書面で取り交わし明確にしておきます。

●メンタルヘルス対策への行政の取組み

　毎年確実に増えているメンタル不全に対して、行政側も積極的に取り組むようになってきています。

　積極的に取り組むようになった要因として、医療費の高騰と傷病手当金など公的給付の増加が挙げられます。メンタル不全を引き起こす前から予防をし、万が一発症しても初期の段階で対処できれば、結果として医療費を使うことが少なくなるためといえ、以下のような様々な対策を講じています。

①職場でのメンタルヘルス対策

　1999年に初めて精神疾患等に関する労災補償に関して判断基準が設けられ、その後、2006年に「労働者の心の健康」と題して、事業者によるメンタルヘルスケア対策の積極的推進を説き、組織的かつ計画的な実施方法を告示しています。

②過重労働防止対策

　過重労働による健康障害を防止するための総合的対策について2008年に告示をし、労働者の疲労度チェックリストを策定したり、長時間労働者に対する面接指導方法を広く告知したりしています。

③自殺対策

　毎年20,000人超が自殺をするという深刻な事態を引き起こす原因のひとつでもあるメンタル不全に対して、うつ病の早期発見・早期治療と、心の健康作りのための施策を推進し、また、うつ病以外の精神疾患等によるハイリスク者対策の推進もされています。

　具体的な実施機関である、独立行政法人労働者健康安全機構では、各都道府県に産業保健総合支援センターを設置し、さらに各地域に窓口として地域産業保健センターを設置し、小規模事業所の事業主や労働者に対して、様々な相談

第2章　IT業界におけるメンタルヘルス問題の乗り越え方

への対応、健康診断の事後対応、面接指導等を実施しています。

　働く人のメンタルヘルスをサポートするために、労働者・事業者・上司・同僚・家族と、それぞれの立場・立ち位置に対して様々な情報発信を行っている「こころの耳」というポータルサイトもあります。このサイトでは、情報発信の他にも、組織の健康状態を自己診断できるツールや、働く人自身のストレス度合いを自己診断できるツールを提供し、自社内でメンタルヘルス対策ができるようサポートをしています。

◉厚生労働省が提供しているツールを活用する

　また、厚生労働省では、メンタル不全により休職した労働者が職場復帰するにあたり、復帰の段階に応じて必要となる基本的な項目や内容をまとめた書式例を示しています（改訂　心の健康問題により休業した労働者の職場復帰支援の手引き（厚生労働省））。これらを参考に、各企業の実態に併せて必要となるツール類を整備していただきたいと考えます。次ページから、実際の書式を掲載しました。参考にしてください。

92

第5節　休職と復職

書式1　職場復帰支援に関する情報提供依頼書

　職場復帰にあたり、かかりつけの医療機関より発症の状況から治癒の経過などの情報提供を依頼する書式

様式例1（本文3の（3）のアの（イ）関係）

年　　月　　日

職場復帰支援に関する情報提供依頼書

病院
クリニック　　　　先生　御机下

〒
○○株式会社　　○○事業場
産業医　　　　　　　　　　　印
電話　○－○－○

　下記1の弊社従業員の職場復帰支援に際し、下記2の情報提供依頼事項について任意書式の文書により情報提供及びご意見をいただければと存じます。
　なお、いただいた情報は、本人の職場復帰を支援する目的のみに使用され、プライバシーには十分配慮しながら産業医が責任を持って管理いたします。
　今後とも弊社の健康管理活動へのご協力をよろしくお願い申し上げます。

記

1　従業員
　　　氏　名　○　○　○　○　　（男・女）
　　　生年月日　　　年　　月　　日

2　情報提供依頼事項
（1）発症から初診までの経過
（2）治療経過
（3）現在の状態（業務に影響を与える症状及び薬の副作用の可能性なども含めて）
（4）就業上の配慮に関するご意見（疾患の再燃・再発防止のために必要な注意事項など）
（5）
（6）
（7）

（本人記入）
　私は本情報提供依頼書に関する説明を受け、情報提供文書の作成並びに産業医への提出について同意します。
　　　　　　年　　月　　日　　　　　　　氏名　　　　　　　　　　　印

第2章　IT業界におけるメンタルヘルス問題の乗り越え方

書式2　職場復帰支援に関する面接記録票

　休職期間中や復職後の就業状況等に関し、定期面談した記録を残すためのもの

様式例2（本文3の（3）関係）

職場復帰支援に関する面談記録票

記録作成日　　　年　　月　　日　記載者（　　　　　　　　　　）

事業場		所属		従業員番号	氏　　名		
						男・女	年齢　　歳

面談日時　：　　　　年　　月　　日　　時
出席者：管理監督者（　　　　　）　人事労務担当者（　　　　　）　産業医等（　　　　　）
　　　　衛生管理者等（　　　　　）　保健師等（　　　　　）　他（　　　　　）

これまでの経過のまとめ	
主治医による意見	医療機関名：　　　　　　　主治医：　　　　　　連絡先： 治療状況等 就業上の配慮についての意見
現状の評価問題点	・　本人の状況 ・　職場環境等 ・　その他
職場復帰支援プラン作成のための検討事項 （復職時及びそれ以降の予定も含めて）	・　職場復帰開始予定日：　　　　年　　月　　日 ・　管理監督者による就業上の配慮 ・　人事労務管理上の対応事項 ・　産業医意見 ・　フォローアップ ・　その他
職場復帰の可否	可・不可（理由：　　　　　　　　　　　　　　　）
次回面談予定	年　　月　　日　　時　　面談予定者：

94

書式3 職場復帰に関する意見書

休職が終了した後の職場復帰に向けて、上司や面談者の意見をまとめたもの。
復職の状況により、就業上の配慮を必要とする場合がある

様式例3（本文3の（4）関係）

年　　月　　日

人事労務責任者　殿

職場復帰に関する意見書

〇〇事業場
産業医　　　　　　印

事業場		所属		従業員番号	氏　名	男・女	年齢　　歳
目　的							（新規・変更・解除）

復職に関する意見	復職の可否	可　　　　　条件付き可　　　　　不可
	意見	

就業上の配慮の内容（復職可又は条件付き可の場合）

- 時間外勤務（禁止・制限　　H）　・　交替勤務（禁止・制限）
- 休日勤務　（禁止・制限）　　　　・　就業時間短縮（遅刻・早退　　H）
- 出張　　　（禁止・制限）　　　　・　作業転換
- 配置転換・異動
- その他：
- 今後の見通し

面談実施日	年　　月　　日
上記の措置期間	年　　月　　日　～　　　年　　月　　日

第2章　IT業界におけるメンタルヘルス問題の乗り越え方

書式4　職場復帰及び就業上の配慮に関する情報提供書

　職場復帰にあたり、かかりつけの医療機関より就業にあたり必要とする条件や他の連絡事項を提供してもらうためのもの

様式例4（本文3の（4）のエ関係）

　　　　　　　　　　　　　　　　　　　　　　　　　　　　　年　　月　　日

職場復帰及び就業上の配慮に関する情報提供書

病院
クリニック　　　　先生　御机下

　　　　　　　　　　　　　　　　　　〒
　　　　　　　　　　　　　　　　　　○○株式会社　　○○事業場
　　　　　　　　　　　　　　　　　　産業医　　　　　　　　印
　　　　　　　　　　　　　　　　　　電話　○−○−○

　日頃より弊社の健康管理活動にご理解ご協力をいただき感謝申し上げます。
　弊社の下記従業員の今回の職場復帰においては、下記の内容の就業上の配慮を図りながら支援をしていきたいと考えております。
　今後ともご指導の程どうぞよろしくお願い申し上げます。

　　　　　　　　　　　　　　　　　記

氏名		性別
	（生年月日　　年　　月　　日　年齢　　歳）	男・女

復職（予定）日	
就業上の配慮の内容	・　時間外勤務（禁止・制限　　H）　・　交替勤務（禁止・制限） ・　休日勤務　（禁止・制限）　　　　・　就業時間短縮（遅刻・早退　　H） ・　出張　　　（禁止・制限）　　　　・　作業転換 ・　配置転換・異動 ・　その他： ・　今後の見通し
連絡事項	
上記の措置期間	年　　月　　日　〜　　　　年　　月　　日

＜注：この情報提供書は労働者本人を通じて直接主治医へ提出すること＞

第5節　休職と復職

COLUMN

【メンタルヘルス　失敗事例】　突然キレ出す同僚　プログラマーからメンタル不全を誘発したケース

　A社は、スマホ向けのコンテンツアプリを開発している企業です。従業員は80名、平均年齢26歳。設立から2年で急激に拡大しました。

　急拡大した事により様々な従業員が一気に増えてしまい、従業員間でのコミュニケーションがうまくいかない場面も見受けられるようになりました。

　そんな中、ある部門で、「こんな仕事っぷりじゃあやってられねぇ！」「お前みたいにできない奴は電車に飛び込んでしまえ！」など、周囲もおどろくくらいに突然大声をあげ、机をバンバン叩きながら部下を罵倒するプログラマーXが現れ始めたのです。何が原因でいきなり怒り出したのか誰も見当がつきません。あまりの突然の出来事に、罵声を浴びせられた者も何が起きたのか分からず呆然としています。

　あまりの大声に周囲もざわつき始めたため、あわててかけつけた上司

が相手をどうにかしてなだめ、その場はとりあえず収まりました。

　ところが、この出来事は一度で終わりませんでした。

　とある業務の打ち合わせ中、同席していたXの目つきが急に変わり、突然大声をあげ相手を罵倒し始めました。今回は「今度同じことをやったら、お前をぶっ殺す！」とまで叫ぶようになり、机を強く叩き、その勢いのまま部屋から立ち去っていきました。

　その場に居合わせた同僚の1人であるYさんは、Xのあまりの豹変ぶりを目の当たりにしたせいで、恐怖感を抱くようになってしまいました。当の本人が社内にいるのを目にするだけで、心拍数が上がって気持ち悪くなり、場合によっては早退してしまうようにもなりました。生憎、その企業は相手と顔を合わせずに仕事ができるという環境ではありません。Xを見かけるだけでも毎日のように

97

体調が悪くなってしまうため、前の出来事が起きてから1か月経った頃に、Yさんは会社に部署異動を申請してきました。異動が認められなければ退職したいとも言っています。これでは、せっかくの人材を逃してしまう事になります。

　このまま放置するわけにはいきませんので、会社はプログラマーXを呼び出し、事情を確認しました。すると、A社に入社する以前の会社でも同じような問題を起こしていた事が発覚。本人自身も感情の抑制がきかなくなるとの自覚をしていましたが、病院で診察を受けたことはないとの返答でした。そこで、会社はまず内科を受診してもらい、診断結果によっては精神科や心療内科などでの診察を受けるよう指示をしました。しかし、病院での診察を指示されたとたん、「自分は病気ではない」と主張し、病院での診察を拒否し続けました。会社としては、現状のままでは就業環境に影響すると考え、ひ

とまずXを懲戒処分として、服務規律違反であるとの始末書を本人から取りました。本人も懲戒処分とされるとは思っていなかったようで、その後は多少暴力的な言動はあるものの、以前のように突然周囲に罵声を浴びせるという行動にまでは至っていないようです。

　一方、体調を崩してしまうYさんに対しては、業務の性質から在宅での勤務が可能であったため、2か月ほど在宅勤務を指示しました。その間に会社は、Xへの対処と部署異動を検討しようとしたのです。2か月の在宅勤務期間中は、X当人と顔を合わせることもないためか精神的にも落ち着きを取り戻し、体調を崩すこともなく業務を行っていました。しかし残念ながら、出社し当人の顔を見かけると、やはり体調を崩してしまい会社を休んでしまいます。会社は、他部署での業務を検討したものの、業務の特殊性から異動先がうまくみつからないため、結局、Yさ

第5節　休職と復職

んの在宅勤務を継続する事としました。

　突然キレてしまうプログラマーX はどうなったか。会社が指示した診察を拒否したまま、就業を続けています。その後も何度か会社は診察を指示しましたが、一向に受診するつもりはないようです。最近は、会社に対して反抗的な態度を取るようになってしまい、何かにつけて「これは労働基準法に違反している」「会社は安全配慮義務を欠いているので労働基準監督署に申告をする」などの発言を繰り返しています。

　会社は、メンタル不全を引き起こすYさんのような者がさらに発生する事を恐れてか、Xに対して腫れ物に触るような扱いをしてしまっています。

【解説】
　このケースでは、入社時点でXの性格的なものを見抜けなかったところに問題がありますが、突然にキレ

る性格かどうかを採用面談や適性試験等で判断するのは難しいといえます。

　事例の中では、問題の社員が医療機関での診察を拒否し続けた時点ではじめて、「他者の就業へ悪い影響を与えた」として服務規律違反での懲戒処分としましたが、本来であれば今回のような問題行動を起こした時点で懲戒処分を検討する必要があります。その後、さらに同じような行動を取り、周囲へ悪影響が及ぶようであれば、再度の処分も検討すべきでしょう。

　本人の状況によっては、産業医等の判断を仰ぎながら就業を継続するかも検討が必要となるでしょう。及び腰での対応だけは避けるべきといえます。

COLUMN

【メンタルヘルス　成功事例】　外部カウンセラーの活用でメンタル不全を回避できたケース

　システム開発会社で勤務しているAさんは、取引先であるB社内に常駐し、システム開発を行っています。プロジェクトメンバーは、自分以外はすべて男性。Aさんはプロジェクトチームのリーダーでもあり、同僚や後輩に留まらず、取引先からの信頼も厚い社員です。常駐期間も1年を経過し、ますます仕事が充実してきたようでした。

　ところが最近、いつも闊達なAさんの元気がありません。今までは無遅刻・無欠勤だったのに、ここ1〜2か月は遅刻も数回あり、数日ほど休みも取っています。様子を心配した会社の管理部上司と取引先の担当営業社員とが一緒に、Aさんと面談をしましたが、「胃腸の調子が良くないだけで、病院にも通っているし、もうしばらくしたら回復する」との回答です。

　しかし、その後1か月ほど経っても相変わらず遅刻しがちで、最近は就業時間中もやる気がないようだとの周囲の声も出てくるようになってきました。

　そこで状況を心配した管理部上司が、もしかしたら女性ならではの悩みがあり、男性に対しては話しにくい問題があるのではと考え、外部のカウンセリングを受診するように指示しました。

　Aさん本人も「女性のカウンセラーであれば受診する」との意思を示し、カウンセリングを行った結果、意外なところに原因がありました。

　それは、「自分以外は全員男性で、休憩時間等でも話す相手がいない」「2〜3か月前までは、他の取引先から派遣されていた女性エンジニアがいたので、一緒に昼食を取ったり、息抜きに話したりもできた」という事でした。つまり、就業先は女性一人の状況で、本人としては話し相手もなく息抜きがうまくできない、男性ばかりの職場で気持ちが滅入って

第5節　休職と復職

しまったというのです。

　現状のままでは本人のメンタル不全が悪化すると考えた会社側は、Aさんを、同僚女性がいる本社に呼び戻して就業環境を変え、心身のリフレッシュを図らせる事としました。

　本社に戻している間も定期的にカウンセリングを実施し、本人が会社の人間に話せないと感じているようなちょっとした愚痴なども熱心に聞いてあげることで、Aさんは徐々に精神的にも落ち着きを取り戻し、体調も安定してくるようになりました。

　勤務状況も、本社に戻った当初は何度か遅刻したり体調を崩して休みを取ったりする事がありましたが、1か月ほど経った頃から遅刻も休みもなくなってきました。今では、元の取引先でのプロジェクトに戻り、チームリーダーとして活躍しています。

【解説】

　このケースは、会社側が、Aさん

の取引先での就業状況を細かに把握しながら、外部カウンセリングを活用するなどして、貴重な人材がメンタル不全に陥る事態をうまく回避できた事例です。

　事態の推移だけを見れば、「こんな事くらいでメンタル不全になるなんて根性がない」「女性だからといって我慢が足りない」などと判断する方もいるかもしれません。しかし、人はそれぞれ感受性が異なりますので、置かれている就業環境やストレス耐性によって、ちょっとした事がきっかけでメンタル不全を引き起こしてしまいます。

　ストレス耐性は生活環境や就業環境によって常に変化します。そのため、社員が抱えるストレスを解消できるような仕組みを作る事が会社には求められています。具体的には、

　定期的に社員のストレス耐性を診断したり、外部のカウンセリングを自由に利用できる制度を設けたりするなどが有効です。

101

第2章　IT業界におけるメンタルヘルス問題の乗り越え方

COLUMN

【メンタルヘルス　失敗事例】　プロジェクトの失敗からプロジェクトリーダーがメンタル不全に陥り、最悪の事態に至ったケース

　システム開発会社で勤務するＡさんは、中途入社５年めの中堅エンジニア。プロジェクトリーダーとして活躍しています。

　現在担当しているプロジェクトは、新しい業種・業態のシステムのため、Ａさんは未経験の業種に対して積極的に情報収集などを行い、プロジェクトの成功に向けて動いていました。

　メンバーは新人からベテランまで外注先も含めると10数名になります。Ａさんはこれまでもこの程度のメンバーに関わってきていますので、マネジメント上、特に気になる事もありませんでした。

　プロジェクトも順調に動き出し、開発も中盤にさしかかった頃、システムの設計上で業務に対する認識に発注元側で相違がある事が発覚しました。結果、大きな変更が必要となったのです。当然、会社上層部に

も報告が上がり、プロジェクトは開発予算から見直しとなりました。当然、開発期間にも影響が出る事となり、当初検収予定だった月よりも半年ほど開発が遅れる見込みとなってしまいました。

　Ａさんは、発注元との当初の打ち合わせ時にも何度も確認していた点でもあったため、なぜ今になってこのような相違が出てきたのか納得ができません。発注元の都合による仕様変更なのではないか、自分たちの責任ではないのではないかと考えているようです。そうはいっても変更は変更ですので、開発は進めていかなければいけません。

　突然の変更にプロジェクト内での人員配置も変更しなければならず、また開発工数が余計にかかる分、他のエンジニアも投入しないと開発が間に合わない状況になりつつありま

第5節 休職と復職

した。

　途中からプロジェクトに参加したエンジニアは、他のプロジェクトから急遽駆り出されたため、元々のメンバーとの面識も少なく、なかなか業務がスムーズに回りません。

　そうなると、メンバー全体の労働時間が長くなりながらも開発そのものは進まない状況になっていきます。労働時間が長くなればなるほど、メンバーの疲労もたまり、さらに開発効率も品質も悪くなっていき、開発が遅れ続けるという悪循環になっていきました。

　プロジェクト内の雰囲気も徐々に悪くなり、中には仕様変更はプロジェクトリーダーの見落としが原因ではないかと考えるエンジニアも出始め、このような声をAさんが耳にするようになりました。

　Aさんは表立って否定をしたりする事もなく、まずは無事にシステムを納品・検収する事が第一と、他のメンバーと一緒に、毎晩終電まで会

社に残り業務を進めていました。

　そんな中、納品まで残りわずかとなった時点で、まだ開発が残っている部分が発覚しました。原因は担当していたエンジニアからの作業報告を信じていたAさんの確認不足です。

　急ぎ対応するために、急遽社内の要員を投入したものの十分な対応はしきれず、結局は一部不具合がある状態のままいったん納品をし、発注元の検収を受ける事となりました。

　十分なシステムテストが行われないまま納品をしてしまったためか、検収を受けると、次から次と不具合が生じます。ついに発注元からはシステムそのものの品質自体にクレームが出てしまいました。

　本来であればシステムを納品し一定期間の検収を受けて実導入となるものが、結果として納品後1年間は無償ですべて対応しなければならない羽目となり、会社としても多大な損害を被る事となってしまいました。

　その間、Aさんはプロジェクト

103

リーダーとしての責任から、納品後1年間システムのメンテナンスに関与していました。

会社はAさんの責任が大きいとして、人事評価も最低の評価とし、納品後1年間のメンテナンス期間中は無償対応という事もあってか、他の要員を補充する事もなくAさんに対処させてきました。

また元々プロジェクトリーダーの立場でもあったため、出社～退社時間や休日出勤の状況を会社は十分に把握をしていません。本人の裁量に任せていたのです。

するとメンテナンス作業に入り半年ほど経った頃から、出社時刻が遅くなるようになり、午後から出社する事が多くなりました。その頃から、出社してもAさんからはお酒のニオイがするようになり、周囲の社員も困惑するようになりました。

上司も何度か注意をすると、その場では反省の様子がみられ出社時間も元に戻りますが、またしばらくす

ると午後から出社するようになります。

社内では、今回のシステムそのものが失敗案件とされてしまったためか、他のエンジニアも積極的に声をかけたりしません。Aさんは、ずっとひとりでメンテナンス対応をしているせいもあって、あまり様子を気にかける人もいません。

システムが安定的に稼動するようになってきたとある日、Aさんが午後になっても出社してこない事に周囲の社員が気付きました。携帯電話に連絡をし、SNSでも連絡を取ろうとしますが、一向に返信がありません。夕方になっても連絡が取れないのですが、誰も深く考えず、明日になったら出社してくるだろうくらいに思っていました。

ところが翌日の午後になってもAさんは出社してきません。連絡も取れないままのため、上司も心配し始めました。独り暮らしだった事もあり、実家等に連絡して不必要に事を

第5節　休職と復職

荒立るのは控えたほうがよいのではと思ったようですが、念のため会社は実家に連絡をしてみました。Ａさんは普段からあまり連絡をする方ではなかったようで実家のご両親はさほど心配はしていない様子でした。

　たださすがに連絡なしで出社してこないのは会社としても心配になったため、管理人立会いのもと居住先を訪れました。カギはかかったままです。カギを開けようとすると、ドアが重たく何かつっかえがしてあるかのように開きません。男性２名でドアを無理やり引くと、ドアノブに紐のようなものをかけ、首をくくったＡさんの姿がありました。自殺でした。

　部屋の中はカーテンをした状態に、さらに段ボールで覆いをし、外からはまったく明かりが入らないよう真っ暗にしてありました。普段から、このような状態で生活をしていたようでした。

【解説】

　このケースは、システム開発途中での仕様変更がきっかけで、システムそのものが失敗案件となってしまった責任を、結果としてプロジェクトリーダーがしょい込み、会社も本人の責任としてその状態を放置していた事が原因となり、メンタル不全から自殺をしてしまったものです。

　安全配慮の点から、就業状況を確認し状況を改善する義務が会社にはあります。プロジェクトがうまくいかなかったとしても、Ａさんの就業状況を把握し適切に対処する必要が会社にはありました。会社や上司への報告がしにくい状況になればなるほど、会社や上司が積極的に部下へ報告を促していかないと、気付かないうちにメンタル不全を引き起こしかねません。また長時間労働が継続的に続いている場合も、医師との面談を実施するなどしてメンタル不全を未然に防ぐための対応が必要です。

105

弁護士による章末解説

IT業界
メンタルヘルス対策の
法的対応　　弁護士　藤井　総

◉中小企業がメンタルヘルス問題に対応するための、最もシンプルな方法とは？

　顧問先の企業などから、従業員のメンタルヘルスの問題（そのほとんどは、うつ病による欠勤）について、相談を受けるケースが増えています。特に、「IT業界は、従業員のメンタルヘルスの問題が他の業界と比べて多い」という強い実感があります。

　従業員のうつ病は、とても悩ましい問題です。中小企業にとっては、従業員が1人欠けるだけでも痛手になります。できれば早く復帰してほしいのですが、うつ病の場合は、不適切な対応によって症状を悪化させるわけにはいかないので、声のかけ方ひとつにまで気を使わなくてはなりません。また、復帰が難しいのであれば、いつまでも籍を残しておく余裕はないため、「なるべく早く辞めてもらいたい」というのが正直なところだと思います。

　この問題に対処するためには、「メンタルヘルスで問題が起きそうな人物を、採用時に見極めて、採用しない」という方法が一番シンプルで効果的でしょう。

　採用面接時に、応募者に対してはついついメンタルヘルスに関する質問を遠慮してしまいがちです。しかし、従業員がどのような心身の状態で労働力を提供してくれるのかを確認することは、雇用主として当然のことです（仮にメンタルヘルスに問題がある人を採用するなら、業務内容や労働時間の配慮が必要になるので、確認しておかなければなりません）。直近数年の範囲で、病歴や病気による欠勤の日数などは確認しましょう。とは

Chapter Commentary by Lawyer

いえ、面と向かっては聞きにくい、答えにくいテーマなので、ヒアリングシートを作成して記入してもらう方式がおすすめです。また、職務経歴上、会社に勤務していない期間があったら、それがなぜなのか、きちんと確認しましょう。また、ストレス耐性のテストを受けてもらうのも効果的です。IT業界では、従業員のストレス耐性は、特に重視すべき項目です。

◉信頼できる会社指定医を見つけ、業務上・業務外傷病をはっきり区分する

　残念なことに、単なるわがままで仕事をやりたくないとか、健康保険の傷病手当金の給付を受けるために、嘘のうつ病を主張する従業員も、いなくはありません。そして、うつ病については、医療機関は基本的に患者（申告者）の言い分を信頼した上で治療するほかありません。また、「うつ病　診断書」といったキーワードで検索すれば、診断書の取得方法に関するヒントがたくさんヒットします。それに、IT業界では、うつ病になる従業員が多いため、もし嘘のうつ病を主張しても、それが嘘だとわかりにくいという問題もあります。

　嘘のうつ病への対策としては、本当にその人がうつ病かどうかきちんと診断をしてくれる、信頼できる医師を見つけて（顧問の社会保険労務士に紹介してもらうケースが多いです）、会社指定医としておきましょう。そして、従業員がうつ病を主張した場合は、会社指定医の診察を受けるように、指示しましょう。

　とはいっても、やはりうつ病は、客観的に症状の有無を判断できない以上、本人がうまく立ち振る舞えば、会社指定医としても、うつ病の診断書

弁護士による章末解説

を出さざるをえません。また、会社指定医が、うつ病と判断しなくても、本人が、別の医者の診察を受けて、うつ病の診断書を獲得した場合、その内容を否定するのは難しいです。「あの従業員があの状況でうつ病になるとは思えない」と思ったとしても、本人がうつ病の診断書を持ってきた場合は、傷病として扱わざるをえないのです。

その場合、次なる問題は、業務外の傷病（いわゆる「私傷病」。私生活上のトラブル、悩みが原因の場合など）か、業務上の傷病か、という点です。

私傷病であれば、それによって職場に復帰することができないのであれば、解雇することができます。しかし、業務上の傷病の場合は、労働基準法第19条により、解雇が制限されることになります。会社のせいで（業務上）傷病になったのに、職場に復帰できないからといって、直ちに解雇するとは何事だ、という法の考えです。そのため、業務上か、業務外か、という点は、その従業員への対処にあたって、重要なポイントになります。

●パワーハラスメントには要注意

うつ病の原因として、パワーハラスメントがよく主張されるようになりました。以前は、裁判の場でこれが通ることは、それほど多くありませんでした。業務指導にあたって、上司が部下に多少厳しい言葉をかけるのは、当たり前のことで、誰もが多かれ少なかれ厳しいことをいわれている以上、それをうつ病と結びつけてしまうのはどうなのか、という考えがあったからです。しかし、最近はこの主張が、以前よりも通るようになってきています。業務指導に対する従業員の捉え方も変わってきていますし（過度に

Chapter Commentary by Lawyer

厳しい言葉は指導としては受け入れられない、ということです）、スマートフォンで簡単に録音ができて、発言を明確に証拠に残しやすくなったからです。中には、あえて上司の感情を逆なでするような態度をした上で、感情的な言動を引き出し、それを録音することで、パワーハラスメントの証拠にするようなテクニックを使う従業員もいます。業務指導にあたっては、例えそれが録音されていたとしても問題ないといえるような、冷静な言動を心がけるようにしてください。

　また、過剰労働は、それがメンタルヘルスに悪影響を与えることは確かです。IT企業の場合、PCのログイン・ログアウト時間や業務メールの送信時間などから、労働時間が記録に残っている場合が多いです。そのため、うつ病と結びつきやすい（業務上の傷病として認められやすい）ので、労働時間が長い社員のメンタル管理は、十分に注意して行う必要があります。

第3章
問題社員への
対応方法

第1節 問題社員の定義

●問題社員の具体的な実態とは？

人事労務管理の現場では「問題社員」という言葉を耳にする機会が増えてきました。

例えば、次の3つのようなタイプが挙げられます。

①間接攻撃型

少しでも処遇に不満を持つと、本人ではなく、母親や父親などの保護者や、妻や夫などの配偶者が出てきて会社に文句を言ってくる。

②周囲巻き込み型

年次有給休暇や福利厚生などの諸制度を徹底的に利用し、同僚や同じ職場の社員に迷惑をかけてもまったく気にしないが、少しでも自分の権利が侵害されると感じると、労働基準監督署などの外部機関への駆け込みをチラつかせて会社を脅したり、周囲の社員を巻き込んで争いを起こす。

③クラッシャー型

パワーハラスメントを繰り返し、自分の部下を次々に潰していく。

明確に定義付けされているわけではありませんが、通常は想定されないような常識外れの態度を取って周囲を振り回し、会社や上司などが対応に苦慮する社員を総称して「問題社員」と呼ぶようになったといえます。

前述のような問題社員が増えてきた背景として、社会の中で一人ひとりに余裕がなくなり、ギスギスとした人間関係が蔓延しつつあるという側面があるように思います。また、自身で物事を解決できない、自分が悪いのではない、周囲が悪いという「他責」の考え方を取る者が増えているのも一因ではないでしょうか。

第1節　問題社員の定義

　さらにインターネットによって様々な情報を瞬時に集めることができる環境になったこともあり、自分に有利と思われる情報を集め、会社に対して異議を申し立てる傾向が強まってきていることも、問題社員を増やしている要因といえそうです。

　「問題社員」は、勤務態度が良くなかったり、労働能力が欠如していたりし、日々の業務遂行に問題がある社員を指していると考えます。

　例えば、次のような5つのケースが挙げられます。

①いつも始業時刻ギリギリに出社したり、電車遅延を理由にした遅刻が多い

②勤務時間中にしょっちゅう離席し、なかなか戻ってこない

③業務の指示には従うものの、嫌々業務を行ったり、ふて腐れた態度を取る

④業務はそれとなくこなしているが、上司が聞くまで連絡や報告がまったくない

⑤ソーシャルメディア等で、会社の営業情報などは明かしていないものの、それとなく分かるような社内の事情を書き込んでいる

●IT業界での問題社員　7つのパターン

　IT業界でも問題社員と称される者が増えています。

　この業界でいうところの問題社員が取る主な行動には、次の7つが挙げられます。

①生産性が低い

　元々の保有スキルが低いせいで成果物が上がるまで時間がかかります。当然に残業代も多く支払うことになります。

　「夕方からでないと思考が集中しない」などとし、毎日のように夜遅くまで仕事をするスタイルが固定化されていますので、夜遅くまで仕事をする結果、当然に朝は遅刻しがちになります。

　他にも6時間で終わる仕事を、10時間かけて行うような癖が付いてしまっているようなケースもあります。

113

第3章　問題社員への対応方法

②他の社員へのマイナスの影響が大きい

　ある程度のノウハウやスキルを持っており、それなりの職責も任されていますが、声高に発言する内容がすべてネガティブなため、周囲の社員も知らず知らずのうちに同調してしまい、同じプロジェクトに属している社員のモチベーションが下がっていってしまいます。

　具体的には、「この会社は……」「自分は会社にだまされた」「この会社のやり方はおかしい、前の会社ではこうだった……」との発言を繰り返し、周囲からもけげんな顔をされているにも関わらず、発言を止めないなどの例が挙げられます。

③どのプロジェクトに所属しても長続きせず、他のプロジェクトへの異動を求められる

　自分にとって大事な場面になるほど、あるいは困難な状況に直面するほど、回避する傾向があり、極端に引っ込み思案で、自分に自信がありません。批判されることや拒絶されることに対して異常なほど警戒します。

　叱責や批判への恐怖心や警戒心が異常に強くなっています。結果として、配属されたプロジェクト内で他のメンバーとの協調性が低く、周囲ともなかなかなじめず扱いづらい存在となっています。

　また、与えられた業務はとりあえずこなすものの進捗状況などの報告はなく、常に受け身で待ちの姿勢が続きます。次の仕事が与えられるまで、何をすることもなくじっとしていて、何を考えているのかも分からず掴まえどころがないケースもあります。

④自己主張が強く、他の社員との同調性が低い

　たとえ間違っていても自己主張を続け、自分の意見を曲げません。

　また、自分のノウハウやスキルが一番だと思っているため、業績や才能を誇張し、周囲からの過剰な賞賛を求めることもあります。

　傲慢で他者への配慮に欠け、人の気持ちに無頓着で平気で人を利用する傾向があり、他の社員と協調して仕事をしようとしません。

　自分の主義と合わない業務は拒否をし、会社の業務指示にも従いません。さ

114

第1節　問題社員の定義

らに、間違いがあれば相手の責任にしようとします。

⑤一度自己主張が通ると何でも主張を通してくる、主張が通らなければ、会社を脅す

技術者の場合、元々が理論好きであり理詰めで物事を通したい傾向があるせいか、会社側に対する主張が一度でも通ると、その後、様々な事柄を主張する、ゴネ得なタイプといえます。

主張してくる内容は、他の社員にも恩恵があるように思えますが、実は自己利益のためだったりすることが多いようです。

自分の権利や組織への貢献度を主張する傾向が高く、自身が考えている主張が否定されたり、反論されたりすると、法律を自分に有利なように解釈して主張を繰り返してきます。中には会社に恨みを抱くようになる場合もあります。

それでも主張が通らなければ突然怒り出し、「出るとこへ出るぞ」と上司を脅したり、「労働基準監督署へ相談に行く」「労働基準監督署より上級庁の都道府県労働局へ直接申し立てる」「裁判を起こす」「ユニオン（1人で自由に加入できる労働組合）に知り合いがいるので相談する」などと、会社側が嫌がるであろう方法を口にして脅したりしてくるケースも存在します。

⑥普段は温厚で周囲からの評判が良いが、一度牙をむいたら態度が豹変する

日頃はとても温厚で周囲からの評判もよく、とても問題社員には見えないような者が、自分自身の処遇や給与面などで不利に働くことが明らかになると、その途端に態度が一変し、上司や会社に苦情を申し立ててきます。

他の社員がどうなろうとどうでもよく、自分の保身に全精力を傾けて会社に改善を求めてきます。自己主張が通らないケースと同様に、「労働基準監督署」「裁判」「ユニオン」などと、会社側が嫌がるであろうキーワードを口にして脅してきます。

⑦メンタルヘルス不調と称して休職・復職を繰り返す

長時間労働が続いたことやプロジェクトでの扱いが不当でストレスによる不調をきたしたとして、メンタルヘルス不全を理由に休職と復職を繰り返します。

115

第3章　問題社員への対応方法

　本当に心の病で休職・復職を繰り返す者もいるが、中には会社の制度を悪用しているケースもあります。

　そもそもが会社での扱いが良くなかったことを理由にしているため、自分の不調は業務上によるものとして医師の診断書を提出し、勝手に休職を希望してきます。実際に休職している時は、自分の好きな活動の時だけ元気になり活発に動き回るが、会社に連絡をするように求めると、なかなか連絡が取れなくなります。主治医とも連携できず、いつまでも回復の見通しが立たず、最終的に休職期間満了で退職を通知すると、いきなり連絡をしてきて自分の病気を主張してきたり、会社都合の解雇であると解雇予告手当を求めてきたりします。

　結果として、本当にメンタルヘルス不全を引き起こしているのか分からない状態になってしまっているケースも存在します。

　これら7つのパターンが、IT業界での問題社員の典型例といえます。第2節では、その現実的な対策を紹介します。

116

第2節 問題社員への対策

● 「決定打」はない

問題社員の特徴や行動パターンについて取り上げてみましたが、「問題社員を作らない・入社させない」ための決定打や特効薬はありません。

入社した当時はモチベーションもスキルも高く、将来有望な社員と期待していた社員が、いつのまにか問題社員に変わっていくのです。

そうはいっても確実に増えているとされる問題社員を、どうすれば防ぐことができるのでしょうか。

●採用時に人物像を把握する４つの方法

問題社員を作らないためにも入社時に人物像を把握することがとても重要になります。とはいえ、入社時の採用面接だけですべてを把握することは不可能ですし、人の内面を知ることなど、たとえ親子であっても分かり得るものではありません。

では、どうやって問題社員予備軍を確認すればよいのでしょうか。

そのための４つの方法を次にご紹介します。

①履歴書・職務経歴書から、その人の働き方を確認する

新卒採用の場合は職歴はありませんが、学生時代の過ごし方などから多少なりとも確認ができるでしょう。例えば、アルバイトは長続きしていたのか、アルバイトしていた時の周囲の社員との関係はどうであったのかなどを、エピソードを交えて聞いてみます。そこからガマン強さや協調性を確認してみましょう。

中途採用の場合は、まず転職回数を確認します。特に短期間に何度も転職しているタイプは要注意で、１年間に数回転職していたり、ひどい場合は前職を１か月も経たない間に退職していたりするのは、やはり何かしら職場環境に合わなかったか、問題があったと考えるべきといえます。

仕事の適性や職場のミスマッチ、環境適応力の不足、本人の都合など、原因・理由は多種多様ですが、長続きしない人には何かしら理由があります。

「できれば長く働いて欲しい」と考えるのであれば、履歴書・職務経歴書は十分に確認しましょう。

②可能な限り採用予定者に承諾を取り前職への確認をさせてもらう

採用面接も終わり、内定を出そうという時に、採用応募者に確認して了承を得た上で、前職や前々職などで信用のおける人を紹介してもらい、前の職場ではどんな人物だったのか確認を取ってみるのもひとつの方法です。特に、中途採用で、それなりの職責やスキルを持っている人材を採用する場合など、職務経歴書だけでは判断しにくい点を確認します。

通常であれば、その人の悪いところの話は出ないものですが、退職前後でトラブルがあったり、就業中から問題があったりする人の場合は、このような確認に対して断りを入れてくる場合もあり、これで最低限の予防線を張ることはできます。

③採用面接時に事前アンケートを記入してもらう

会社がある程度の裁量をもって自由に人材を選択できる機会は「採用時」しかありません。一度雇用をすると、万が一退職してもらいたいという事情が生じたとしても、労働者保護の観点から様々な制約があるのが現実です。

そこで、採用面接時に、本人の保有しているスキル・ノウハウに加え、メンタルヘルスの状況・他の疾病も含めた既往症・就業にあたって注意して欲しい事情・家庭環境などを、事前アンケートとして記入をしてもらうようにします。

アンケートを実施するにあたっては、本人にアンケートの主旨を十分に説明した上で、記入するかどうかを本人に選んでもらうようにします。決して記入を強制するものではないことを理解してもらうようにします。

応募者の中には、「このように個人事情を詳細に確認するのは法律に触れるのではないか」と強く主張してくる人もいますが、①あくまでも記入するかしないかは本人の自由に委ねていること、②採用にあたっては健康で働く意欲をある人を採用したいこと、③万が一持病がある場合でも自社にマッチした人材

第2節　問題社員への対策

で一緒に働きたいと思える人材であれば、働く環境を整えるために事前に確認しておくべきと考えていること、などアンケートの主旨を明確にしておき、強く主張されても自社の考えを曲げないものであるとの意思表示をします。

　前述した前職への確認と同様に、応募者自身に何かしら問題があったような場合にはアンケートへの記入をしない、または記入を断ってきますので、何よりも自社の考えに合わない人材との採用面談で時間を取られることもなくなります。

④面接時の態度で判断する

　面談室に入室してきた時から「態度に落ち着きがない」「椅子に座るよう促すとおどおどした態度で着席する」「逆に横柄にも見えるくらい大きな態度を取る」「座っても落ち着きがない」「話をしながら下ばかり向いている」「目が泳いでばかりいて不安そうな表情をしている」などの態度を取る場合には、何かしら不自然な言動が多く、精神的にも安定していないケースが見られます。

　また、一貫した考え方がなく、人に合わせてばかりの人や、極端に自分に自信がない人なども、人の顔色や反応を敏感に察知して、相手が望んでいるであろう態度を取るような傾向があります。

　このような態度が自然であるわけがなく、本人も気付かないうちにストレスを溜め込むことにもなりかねません。ある日突然感情を爆発させて、態度が豹変するとも限らないのです。さらに、日頃から相手によって反応や意見がコロコロ変わるので、複数の関係者がそれぞれ異なる情報を伝えられ、現場が混乱する可能性も否定できません。

　相手の反応を無視して自分の主張を押し通すのも問題ですが、態度をコロコロ変える人も、本音の部分では不誠実だったり、本人も気付かないうちに1人でストレスを溜め込んでしまい、ある日突然爆発したりするなど、結果的にトラブルメーカーになりかねないでしょう。

●会社のビジョン・理念を十分に説明し共感を持ってもらう（会社を好きになってもらう）

　採用側は、入社前に、会社のビジョンや理念といった「想い」に共感をして

119

もらうことが大切です。会社の状況により、入社当初とは異なる仕事を担当する可能性があることも理解しておいてもらう必要があります。

ビジョンや理念に共感があれば、多少の仕事の中身に違いがあっても、問題なく頑張ってくれる社員は多いものです。

同様に応募する側も、入社前に自分が希望する会社のビジョンや理念をよく理解し、それに対して共感できるかどうかという視点を持つことが大切です。ビジョンや理念に共感できていれば、多少のずれがあっても会社側との話し合いによって解決できる部分が多くなるものです。

●試用期間中に見極める

残念ながら一度入社した社員は、よほどの問題がない限りは解雇することは難しいと考えてください。なぜなら日本の労働基準法は、労働者保護の立場に立った法律であり、会社を守ってくれるものではありません。

では入社後に問題社員となってしまった場合は、どうすればよいのでしょう。問題社員であろうがなかろうが、試用期間中は定期的に業務の進捗状況や勤務態度に関して面接指導を行うようにします。その際に、勤務態度に問題があるようであれば、注意指導を徹底し、改善を求めていきます。注意指導した結果を再度確認し、会社が求める姿にまだ達していなければ、改めて注意指導をして再度の改善を求めていきます。最後まで改善が見られないようであれば、試用期間満了をもって解雇処分となる旨を通知することになります。

●日々の勤務態度を注意し指導する

毎日の勤務態度に問題がある場合は、まず問題行動を見つけた時点で、口頭で注意をすることです。一度の口頭での注意で改善されないようであれば、注意・指導を繰り返します。この時点で、注意・指導した記録を業務報告書など文書で残しておくようにします。それでも改善されない場合は、注意書などの文書で注意・指導をします。

文書での注意・指導を行っても、一向に改善されないようであれば、けん責処分などの軽い懲戒処分とし、問題社員に自覚をさせるようにします。併せて、人事評価や賞与の査定時にマイナス評価をし、日々の勤務態度が自身の処遇上

第2節　問題社員への対策

にも影響があることを、相手にはっきり自覚させるようにします。

　電車遅延を理由にした遅刻が多い場合、自宅を出るまでの身支度に時間がかかっているのかもしれませんが、これを直接注意することは難しいため、利用している路線が遅れやすい公共交通機関かもしれないので、早めに自宅を出るよう注意をします。

　注意をしても遅刻を繰り返すようであれば、遅れた時間分の賃金をカットすればよいでしょう。さらに人事評価や賞与の査定時にマイナス評価し、処遇上にも影響があることを自覚させるようにします。懲戒処分とまでするのは、処分が無効とならないよう慎重に扱うべきです。

　勤務時間中の離席が多く、どこに行っているのか分からないような場合は、職務専念義務違反に該当します。

　例えば、トイレや喫煙での離席も、職務専念義務に違反しているのを必要最小限度の範囲で許容しているだけであって、トイレ休憩が異常に長いとか、喫煙での離席回数が多い時は、注意しても構いません。同様に、飲み物を購入しに行くなどの時間が大幅に長い場合なども、なぜそこまで時間がかかったのかを確認して、事実を正確に把握するようにします。その結果、例えば、購入ついでに同僚と私的な会話を延々していたことが判明したら、その時間は職務専念義務違反であるとされ、懲戒の対象にもなり得ますので、前述の口頭注意から文書指導、人事評価でのマイナス評価や状況によっては懲戒処分を行うこととなります。

　業務を行っているものの報告がないといった場合などは、進捗状況も把握できず、他の業務にも支障が生じる可能性があります。

　こういう状況が続く場合は、まず業務指示を明確にします。例えば、2週間で処理することを指示した業務に関しては、その業務が終了したか2週間では終わらないと分かった時に、必ず連絡をし報告するようにさせます。途中でも想定外の問題が発生したら、その都度すぐに連絡し相談するよう業務指示をします。当たり前のことを当たり前にできない社員には、会社（上司）が「本人からの連絡・報告がない」という問題点に対し、どう対応すべきなのかを具体

121

第3章　問題社員への対応方法

的に指示をし事前に示すようにします。

　一度、明確に業務指示として示せば、違反した時は業務指示（命令）違反となり、違反が明らかであれば、文書による注意・指導やけん責等の懲戒処分が可能となります。

◉SNSへの書き込み

　SNS等のソーシャルメディアで、会社の営業情報などは明かしていないものの、それとなく分かるような社内の事情を書き込んでいる場合は、社内事情をSNS上に掲載し不特定多数人が見られる状態であれば、営業情報の漏えいとまではいかなくとも、業務が阻害される可能性があります。

　掲載状況によっては違反行為にあたり、けん責・減給等の懲戒処分も可能となります。

　SNS等の書き込み行為は私生活上で行われるものが多く、実態把握が難しいという側面がありますので、会社の規則として、ソーシャルメディアの取扱いに関するルールを設け、禁止事項に違反した場合は懲戒処分の対象となるよう定めておきます。併せて、定期的に社員に対しソーシャルメディアの取扱いに関する研修を行うなどし、常に意識をするようにします。

第3節 IT業界での退職・解雇トラブル

●解雇の定義

　IT業界でも退職・解雇時のトラブルは後を絶ちません。未払い残業代の請求、労働基準監督署への申告や申立てなど、会社との雇用関係がなくなる時は、社員の今までの不満が爆発し、労務トラブルに発展しがちだといえます。

　特に、技術者派遣の業務形態では、派遣先との関係もあり、社員の意図していないようなことで退職トラブルが発生することもあります。

　解雇は、「会社＝使用者」の一方的な意思による労働契約の解除です。一般的には、会社の責任ある立場にある者から、労働者に対して、労働契約を解除する旨の通告をします。これに対し労働者の同意は必要なく、労働者はその身分を失うことになるとされます。

　解雇には、**普通解雇（整理解雇を含む）、懲戒解雇、試用期間中・満了後の解雇、休職期間満了後の解雇**などがあり、客観的で合理的な理由のない解雇や公序良俗に反する解雇は無効とされます（労働契約法第16条）。

　普通解雇は、労働者の病気等により労務不能となった場合、勤務成績の不良が続いた場合、協調性が足りず勤務態度が極めて悪い場合等に行われます。

　懲戒解雇は、就業規則違反など、企業秩序を大きく乱す社員に対する懲戒手段としての解雇となり、相当の理由がない限りは処分無効と扱われるほど重大な処分になります。

　整理解雇は、倒産回避を目的とした人員整理など、経営上の必要性に基づいて行われる解雇です。先に会社資産の処分や役員報酬の減額、早期退職希望者を募集したりなど、一定の対策を講じた上での実施が求められます。

　試用期間中の業務態度や、職業能力、適性からみて本採用を行うことが難しい場合には、本採用取消とします。試用期間中は、「本採用に適さないと判断された場合には解雇する可能性があると解雇権が留保された労働契約期間」とされ、本採用取消となった場合は解雇扱いとなります。

第3章　問題社員への対応方法

| 事例 | Example |

ソフトウェア開発の案件が縮小されたケース

　ソフトウェア開発の業務請負会社から技術者を派遣していた先の開発現場で、当初予定していた業務が縮小となり、契約期間中であるもののこれ以上開発案件がないと戻されてしまったケースです。

　直ちに他のシステム開発の案件に参加できればよかったのですが、最近は、システム開発案件に対する技術者の派遣契約期間が、従来に比べると短期間（今までは1年契約とされるものが、3か月更新や1か月ごとの更新とされる）になっている影響で、派遣された技術者がすぐに派遣終了となるケースが多くなっています。

　その結果、派遣期間が終了しても他のシステム開発案件の要員として求められず、また参加できる開発案件がなくなったことを理由に自主退職を強要されました。自宅待機とされた別の社員は、給与が支給されずにPCが現物支給された例もあったようです。

| 事例 | Example |

試用期間中にプログラムスキルが低いとされたケース

　中途採用で実際にあったケースです。

　本人の申告と職務経歴書から会社が判断し、適性と思われる開発現場に入ってもらったものの、開発が進むにつれ、プロジェクトマネージャーより苦情が出されるようになりました。理由は、当初本人が申告していた程のプログラミングスキルがなく、どこにも配置できないというものでした。

　本人に確認したところ、そこまで自身のスキルが低いと自覚していなかったことから、このままではどこのプロジェクトにも参加できないため、研修に参加してもらい、スキルアップを図った上で、再度他のプロジェクトに参加させることにしました。しかし、研修に参加後も、やはり会社が求めるだけのプログラムスキルには至らないことから、本人に事情を説明し、試用期間満了で雇用契約を解除とし退職してもらおうとしました。と

ころが、本人は「自身のスキルであればプロジェクトに参加できる」「会社が一方的にプロジェクトから外し、嫌がらせをした」と主張し譲らないため、最終的に会社は本採用を拒否し、解雇処分として扱いました。

事例　　　　　　　　　　　　　　　　　　　　　　　　Example
派遣されていたプロジェクト内でのメンバー間のトラブル

　技術者派遣で派遣された先のプロジェクトで、派遣先企業の古参のエンジニアから、いわれのない嫌がらせを受けていたようです。ある日突然、派遣元企業に連絡があり、「他のプロジェクトメンバーとうまく協調できないから今月いっぱいで引き上げてもらうように」といわれました。

　理由を確認しても、他のメンバーとうまく合わず効率が悪いとされ、何が直接の原因かは分かりません。相手が派遣先企業のエンジニアだけに、強く主張するわけにもいかず、結局は他のメンバーと入れ替えることにしました。

　当の本人とは、派遣先に応じて期間契約をしているため、派遣先が見つからないと自宅待機であっても休業手当を支給しなければいけません。本人の協調性不足により派遣先が見つからないことを理由に、半ば強制的に雇用契約を終了させました。

◉IT業界　問題社員A〜Z

　どの業界に関わらず問題社員は1人や2人いるものです。しかし、この問題社員に対して何も指導することなく会社が放置しておくと、「何をやっても注意されない、何をやってもいいんだ」と、今までまったく問題がなかった社員にまで波及することがあります。

　社員は、問題社員に対して会社がどのような対応をするのか、見ていないようで見ているものです。会社は、労務を提供しない社員に対しては、しっかりとした対応が求められます。

第3章　問題社員への対応方法

> ### 事例　　　　　　　　　　　　　　　　　　　　　　　Example
> ## 就業時間中にSNSに書き込みをしたり、デイトレードしたりしている社員のケース
>
> 　A社員は、勤務中に、会社のパソコンからFacebookやTwitterなどに書き込みをしていました。書き込んでいる内容は、会社の営業情報ではなく、昼食時の写真とコメントなど、あくまでも個人的な内容のようです。書き込んでいる内容に読者からコメントが付き、このコメントに対する返信をさらに書き込んでいます。
>
> 　B社員は、勤務時間中ではないものの、社内で撮った自分の写真を、自身のFacebookにアップしています。写真をよくみると社内の状況が確認でき、背景には取引先名が入ったファイルが写っています。
>
> 　C社員は、仕事中に株式のデイトレードをしています。株価の動きが気になるのか、頻繁に席を離れ、トイレでスマートフォンで確認しているようです。同僚にもよく当日の取引結果を話しており、仕事中に取引きしているのは明らかになっています。

　インターネット上はあくまでも公的な空間であるとの考えから、ブログやSNSに書き込んだ内容が、本人にはそのつもりがなくても、結果として会社の秘密漏えいや会社の信用失墜にあたり、懲戒処分の対象になる可能性も十分に考えられます。

　会社の方針にもよりますが、勤務時間中にトイレに行ったり、喫煙スペースでの一服などと同じであるとし、業務に実害がない程度であれば違反とはしないとするところもあるようです。

　会社が貸与しているパソコンなど情報機器を使い、私的行為を行っている場合は、その時間中、間違いなく業務には専念していないのですから、職務専念義務に違反してます。業務時間外に、社員自身が保有している情報機器からの書き込みであっても、書き込んだ内容から会社の営業情報等が把握できたり、会社の信用を著しく失墜させるような内容であった場合は、懲戒処分の対象にもなり得ます。

第3節　IT業界での退職・解雇トラブル

　会社はどのような行為が違反となるのか具体的に定め、社員は自分の行って
いる行為が違反していないか注意する必要があります。

　このような行動を取る社員に厳しく指導をし、何度指導を重ねても一向に改
善される様子がないようであれば、残念ですが懲戒処分とするしかありません。

事例　　　　　　　　　　　　　　　　　　　　　　　　　　Example

仕事が終わらず自宅で作業……。その分の残業代を請求されたケース

　Webデザイン会社の社員Aは、当日中に終わらせなければならないデ
ザインがありました。どうしてもその日中に仕事が終わらなかったので、
上司に事前に許可を得ず、自宅に持ち帰り作業をし、翌日、上司に前日の
自宅作業分について残業申請をしてきました。

　社員Bは、サーバーの保守運用業務を担当しています。緊急の障害が発
生すると、社内外問わず対応しなければいけません。先日、休日に取引先
より緊急障害の連絡が入ったため、直ちに自宅で対応しました。障害発生
時には、上司に報告をした上で作業を行うルールとなっていますが、この
社員はいつも上司に報告をせずに作業を行っています。

　残業は、社員が勝手に判断して行うものではなく、上司からの指示によるか、
本人から申請があった業務について上司が承認した場合に認めるものであり、
この認められた労働に対して賃金が支払われるものです。

　自宅で行った作業について、事前に上司に申告し、認められているのであれ
ば、この自宅作業に対して、残業代を支払わなければならないのでしょうが、
この場合は、社外での作業であり、時間管理の方法が適切であったかという点
について疑問が残ります。

　また、自宅に仕事を持ち帰るということは、営業秘密情報も持ち出している
可能性が極めて高いことから、情報の取扱いについても問題があります。ひと
たび、自宅で使用しているパソコン等情報機器からインターネット上に情報が
漏えいされたりすると、会社は多大な損害を被ることとなり、社会的信用も失

第3章　問題社員への対応方法

いかねません。

　残業に対する考え方・取扱いについて、全社員に再度理解を求めていくことや、会社が貸与しているパソコンなどの情報機器の持ち出しに関する定めがどうなっているかについて徹底する必要があります。また、営業情報などの取扱いについても管理方法の徹底と、社員の理解が必要とされます。

事例　　　　　　　　　　　　　　　　　　　　　　Example
会社に内緒で副業している社員のケース

　A社員は、インターネット上で自然食品の商品販売のサイトを運営しています。商品が良いせいか売上げも順調に伸びているようです。本人は、ネット上での販売でもあるとし、特に会社に報告をしているわけではありません。とある日、自然食品の購入をしようとしてた他の社員が、偶然、このサイトを見つけました。

　プログラマーであるB社員は、とてもお酒が好きな社員で、毎日のように呑み歩いています。酒代がかさむこともあって副業を考えるようになり、知り合いの店で働くことにしました。お酒も呑めるしアルバイト代も入ると、本人は満足しています。会社が終わった後に、さらに夜遅くに働いているため、だんだんと会社に遅刻するようになってきました。ひどい時には、会社で仕事中にうたた寝をしています。仕事にも影響が出始め、コードミスが頻発するようになってきました。

　SEであるC社員は、小遣い稼ぎ程度にと、個人のブログ上でアフィリエイト広告を始めました。当初はそれ程の利用者もなかったのですが、時間が経過するにつれ本人もアフィリエイト広告が面白くなり、積極的に広告を行うようになり、今では毎月の給与以上の収入を得るまでになっています。

　これまで多くの企業では、副業・兼業を認めていませんでした。理由としては、自社での業務がおろそかになること、情報漏えいのリスクがあること、競業・利益相反になること等が挙げられています。また、副業・兼業に対する就

業時間や健康管理の取扱いのルールが分かりにくいのも、副業・兼業が増えない理由として想定されます。

　厚生労働省では、2017年3月28日に働き方改革実現会議で決定された「働き方改革実行計画」を踏まえ、副業・兼業の普及促進を図っています。働き方改革により副業の考え方・捉え方も変わってきました。実態としても、副業・兼業を希望する者は年々増加傾向にあり、「平成29年就業構造基本調査」によると、副業をしている者の割合は全就業者の4％、副業を希望する者は6.4％となっています。

　副業・兼業を行う理由は、自分がやりたい仕事であること、スキルアップ、資格の活用、十分な収入の確保等あり、雇用形態も、正社員、パート・アルバイト、会社役員、起業による自営業主等様々です。

　副業・兼業を普及促進をしていく上では、企業・労働者ともメリット・デメリットをよく理解した上で進めていく必要があります。

【企業側】

メリット：　①　労働者が社内では得られない知識・スキルを獲得することができる。

　　　　　　②　労働者の自律性・自主性を促すことができる。

　　　　　　③　優秀な人材の獲得・流出の防止ができ、競争力が向上する。

　　　　　　④　労働者が社外から新たな知識・情報や人脈を入れることで、事業機会の拡大につながる。

デメリット：①　必要な就業時間の把握・管理や健康管理への対応、職務専念義務、秘密 保持義務、競業避止義務をどう確保するかという懸念への対応が必要。

【労働者側】

メリット：　①　離職せずとも別の仕事に就くことが可能となり、スキルや経験を得ることで、主体的にキャリアを形成することができる。

　　　　　　②　本業の所得を活かして、自分がやりたいことに挑戦でき、自己実現を追求することができる。

　　　　　　③　所得が増加する。

第3章　問題社員への対応方法

　　　④　本業を続けつつ、よりリスクの小さい形で将来の起業・転職
　　　　　に向けた準備・試行ができる。
デメリット：①　就業時間が長くなる可能性があり、労働者自身による就業時
　　　　　　　　間や健康の管理も一定程度必要。
　　　　　　②　職務専念義務、秘密保持義務、競業避止義務を意識すること
　　　　　　　　が必要。
　　　　　　③　1週間の所定労働時間が短い業務を複数行う場合には、雇用
　　　　　　　　保険等の適用がない場合も想定される。

　B社員の行動は、就業規則に兼業禁止が規定されている場合には、明らかに
就業規則に違反していることになります。会社が兼業することを事前に確認し、
これが認められた場合には兼業することができますが、上記の残業代や社会保
険料の扱いなどに注意が必要となります。さらに兼業によって、会社業務に支
障が生じている状況は見逃すことはできません。勤務態度としても問題があり、
注意指導をしても改善が見られないようであれば、懲戒処分の対象になり得ま
す。
　A社員の行動は、①会社の営業内容と関連がないもの、就業時間内に自分の
商品販売サイトに対する作業を行ったりしていないこと、②会社での労務提供
に支障が出ないことなど、様々な面から会社のルールに違反していないか確認
する必要があります。その上で、会社は兼業を認めるかどうか判断するでしょ
う。
　C社員の行動は、一般的に広く行われていることでもあり、ここまで制限を
加えることができるかは難しいところです。ただし、A社員と同様に、勤務時
間中にブログの書き込みを行うなどの行為は、会社への労務提供に専念してい
ないことになり、就業規則の服務規律に違反している可能性が高くなります。

130

第4節 社員を解雇しなければならない場合の注意点

●就業規則の限界と労働契約書による対応

　新卒採用の社員は、特定の業務に付くために労働契約を取り交わすというよりも、企業での社員教育と人事異動をつうじてキャリアを徐々に形成していき、各業務を担当することになりますので、画一化された就業規則が適用されても問題はありません。

　システムエンジニアのように専門技術者や特定の地位にある社員は、個別の業務遂行能力が労働契約の目的となるため、内容が画一化されている就業規則の適用はなじみません。この場合は、個別に締結される労働契約で具体的な就業条件を設ける点に重点を置く必要があります。

　労働契約を締結する際には、以下の8つの点に注意します。

　これらのポイントが不十分な労働契約が締結されていた場合、例えば、主業務に付随する業務を行う指示を拒否されても指導できなかったり、異動転勤命令が無効と判断される事も生じます。秘密保持義務が不明確だとノウハウを持ち出されても文句はいえません。

①具体的な専門的能力を特定し、明示する（システムエンジニア、システムコンサルタント、ディレクション業務など）
②担当業務を具体的に記載し、最後に「上記に準じる業務」の一般条項も記載する
③業務の具体的目標に対する賃金支払いの基準を明確にする
　年俸制を利用する場合には、時間外手当や休日出勤手当の扱いをどうするか（どこまで含んだものとするのか）を具体的に明示する
④中途での契約解消事由が発生すると想定される場合は、その旨を記載しておく
⑤システムエンジニアのように専門型裁量労働制が適用される場合は、制度の適用と賃金の関係を明確にする

第3章　問題社員への対応方法

⑥契約期間を設ける場合は期間と契約更新拒否事由を定める
⑦異動、転勤、出向の有無を明確にする
⑧営業秘密などの秘密保持義務を記載する

　なお、就業規則で定める基準に達しない労働条件を定めた労働契約は、その部分については無効となりますので、就業規則の内容とも十分に照らし合わせて労働契約を締結する必要があります。

●退職・解雇の定義（労働契約法第16条の理解）

　解雇は、客観的に合理的な理由を欠き、社会通念上相当であると認められない場合には、その権利を濫用したものとして無効（労働契約法第16条）となりますので、取扱時には十分な注意が必要です。ここでは、**「整理解雇」「懲戒解雇」「退職勧奨」「自己都合退職と合意退職」**の4つをご説明します。

・整理解雇

　解雇の中でも最も要件が厳しいとされる整理解雇は、会社＝使用者が経営不振などの理由から従業員数を削減する必要に迫られた際に、余剰人員を解雇することを指し、解雇の性質からは普通解雇の扱いとなります。

　判例では、長期雇用制度の実態と雇用調整の必要性により、整理解雇を実施するための具体的な要件が設定されています。これを下記の「整理解雇の4要件」といいます。

①会社の存続を図るため、人員整理が必要であること
②一時帰休、希望退職の募集など、解雇回避の努力をしたこと
③解雇予定者の選定方法・手段に合理性があること
④労働者側に対する、十分な説明・協議がなされたこと

・懲戒解雇

　懲戒解雇は、懲戒処分の1つです。就業規則に定められている懲戒処分の種類は様々ですが、一般的にはけん責、戒告、減給、降格、出勤停止、諭旨解雇、

懲戒解雇とされます。

　つまり懲戒解雇は、服務規律違反など、労働者が企業秩序に違反する行為に対して、会社＝使用者によって課せられる最も重い制裁罰とされています。

　このことより労働基準法第89条において、懲戒処分の種類と程度を就業規則に記載するべきことが定められています。

　懲戒解雇は最も重い制裁罰である以上、万が一懲戒解雇を通告しなければならない事情となった時は、以下の7点に注意し、処分が適正にされるようにしなければなりません。決定した懲戒処分が、客観的に合理的な理由を欠いて、社会通念上、相当であると認められない場合には、権利の濫用として無効になるからです。懲戒解雇処分と決定する前に、より軽い処分にできないかなどの慎重な検討も求められます。

①懲戒事由、内容を明示している
②すべての労働者に対し平等に扱っている
③同一事由で二重の処分は行っていない
④懲戒規定制定前の行為には適用されない
⑤連座制（本人以外の一定範囲の他人まで連帯責任を負わせる）は許されない
⑥処分の種類・程度には客観的妥当性が必要である
⑦就業規則などに定められた手続きが必要である

・退職勧奨
　一方、退職勧奨は、「1か月後に辞めてもらう」など具体的な解雇を通告するのではなく、退職をほのめかすものです。解雇が会社＝使用者からの一方的な雇用契約の解除であるのに対して、退職勧奨は、使用者の契約解除の申込みに関して労働者が応じる合意退職となります。労働者が会社＝使用者からの退職勧奨に応じるかどうかについては労働者の自由判断ですので、辞める意思がなければ応じる必要はありません。

・自己都合退職と合意退職
　退職には、自己都合退職と合意退職があります。

第3章　問題社員への対応方法

　自己都合退職は、労働者の一方的意思表示で退職の効果が生じるもので、会社＝使用者の同意や承諾は必要ありません。したがって、退職届が使用者に到達すれば、一定期間経過することで退職の効果が生じます。この場合、一度申し出た退職届を撤回することはできません。

　自己都合退職での「一定期間」について、民法では、雇用期間の定めのない場合は、退職申入をしてから2週間で退職することになります。この2週間の間は、出勤して業務の引き継ぎなどを行わなければなりません。雇用期間の定めのある場合は、期間の途中で退職することは原則としてできませんが、就業規則や労働契約書に、契約期間途中であっても退職できる定めがある場合は、定められている内容に従って退職することとなります。

　合意退職は、退職届を提出することで合意解約を申し込み、会社＝使用者がこれを受理（同意または承諾）することで、受理（同意または承諾）した時点で退職の効果が生じます。上司に退職届を提出したが、上司が保管している場合などは、会社＝使用者による受理がされておらず、合意解約の申込みがされただけですので、退職そのものの効果は生じません。この段階では、撤回することも可能です。

●既成事実とレポートの確保

　社員にしてみれば、解雇は会社側からの最後通告です。それだけ威力のあるものだと自覚した上で会社側は対処しなければいけません。

　問題社員の場合、特に解雇となる理由が正当なものであり、また本人と解決しようとした経緯が重要なポイントとなりますので、既成事実に関する具体的な記録や、会社側からの改善指導の経過に関するレポートを必ず残しておくようにします。つまり問題社員が、解雇の不当性を争ってきた場合にも適法性を主張できる十分な証拠を残しておくべきといえます。

　問題社員は、解雇の理由となった事実が紛れもない事実だったとしても、客観的に証明できないということを知っていると、それにつけこみ対抗してくることがよくあります。このような場合には、実際に解決に至るまで長期戦になることも覚悟する必要があります。

　現実には、解雇が正当であったことが明確に認められないということになる

134

と、会社側の恣意的な目的により解雇したのではないかと疑われ、解雇権の濫用と判断されてしまうおそれもありますので、解雇時点では本人が解雇理由を認めていたとしても、安心せずに何らかの形で客観的証拠として残しておくべきです。

では、具体的にどのような証拠を残しておくべきなのでしょうか。

例えば、「遅刻・早退が多い」「欠勤が多い」など勤務状況が悪いことも何らかのデータで示すことが可能であるなら、タイムシートなどを客観的な裏付け資料として残しておくべきです。

問題社員の取った行動に対して、注意指導を行ってきた結果については、口頭だけではなく、必ず書面の形で残しておくべきでしょう。特に、一度の問題行動で解雇したのではなく、何度も注意指導を行い、解雇以外の解決方法を会社側としても最大限模索した結果だということが証明できれば、解雇処分がやむを得ないものであったと判断される材料として会社に有利となります。

注意指導した際の書面の記載も、最初は単に問題社員の行動を指摘し、これに対し改善を促すような文面で構いませんが、2回目・3回目の注意の際にはこれでも改善されない場合には相応の処分を加えることを示唆するなどして指導・注意を加え、さらに本人にいつまでに改善できるか期限を設けて対処するようにします。

「解雇の可能性がある」と指摘したにも関わらず本人の態度に一向に改善が見られなかったという事実が証明できれば、解雇の正当性を判断する上で重要なひとつの事情となってくると考えられます。

なお、問題社員が解雇理由となった自らの行動を認めている場合には、その時々で認めた行為を記載した覚書や合意書を作成しておくと、後々トラブルになった場合に、これが事実であったことを証明するひとつの証拠ともなります。

●感情的な態度での解雇措置は取らない

問題社員と接していると、相手の主義・主張や逆ギレなどの感情の度合いに影響され、ついこちらも感情的な態度を取ってしまうことがあります。

感情的な怒りに任せて「辞めてしまえ！」「今日でお前はクビだ！」などと発言してしまったら、「あなた、今、クビって言いましたね。それは解雇を言っ

第3章　問題社員への対応方法

ているのですね」と相手の思うツボにはまってしまいます。

　問題社員に解雇を通知しなければならない場合は、事前に悟られないようにしておく必要があります。

　会社や上司の動きに敏感なことが多く、自身を否定されるのを嫌がる傾向が強いこともあり、一度何かしら自分が解雇処分になりそうだと勘付いてしまうと、事前に労働組合やユニオンに加入しておくなどして、解雇とならないよう密かに対策を講じてきたりします。そうなると解雇処分を行う機会を逃してしまいかねません。

　くれぐれも相手の言動に影響され、同じ土俵に乗って感情的な態度を取らないよう慎重な行動を心がけたいものです。また解雇を通知する時にも上司と1対1ではなく、上司と人事など複数がその場に立ち会うようにして、相手が何か主張してきた際に客観的に把握できる状況を作ることも必要といえます。

◉把握できる証拠を積み重ねる

　問題社員を解雇しなければならない場合であっても、1回の言動で即解雇できるものではありません。たとえ1回の言動があまりあるものであったとしても、解雇までの経緯や改善指導などの努力が会社には求められます。短期間で対応できるものではないことを十分に認識した上で、前述したような事実確認と改善指導に関する証拠を一つひとつ積み重ねておき、いざ解雇処分とする際に有効となるよう、解雇に至る経過を把握できる証拠を準備しておきます。

　なお、実際に解雇を通知する場合には、解雇通知書・理由書を準備します。

　解雇通知書・理由書では、次の6点を明示します。

①問題社員の職種などの基本情報
②問題社員の入社の経緯（専門職として限定的な採用要件があった場合は、これも記述）
③これまでの具体的な問題行動
④会社側の問題行動に対する注意指導の経緯
⑤改善指導に対する相手社員の反応はどうであったか（拒否した事実があれば、これも記述）

⑥就業規則等における解雇の根拠条文

　このように具体的な解雇通知書・理由書を作成することで、問題社員自身に自分の問題行動を再確認させ争いを回避することができます。または争うにしても、相当程度会社側も準備をしており、厳しい戦いになると自覚させることができます。

　また、労働組合・ユニオンなどの外部機関に相談する際にも、相談を受けている相手が、解雇通知書・理由書を一読することで「この相談者（社員）は自分に都合の良いことばかり言っているのではないか、実は相当程度問題があったのではないか」と捉える可能性が高くなります。万が一団体交渉を申し入れてきたとしても、早い段階から姿勢を軟化させたり、逆に組合員である問題社員に交渉をあきらめるよう説得することにもつながる場合があります。

　たとえトラブルになった場合であっても、具体的な解雇通知書や理由書があれば、本人の取った言動に対して、会社は以前から様々な努力をし、改善指導を繰り返してきている事実を証明できるのです。外部機関側も「後付けで会社側にとって都合の良い有利となる事象ばかり述べているのではない」と思うでしょう。

　残念ながら、既に問題社員と敵対関係になってしまっており退職勧奨にも応じる気配がない、そもそも退職の交渉そのものができない状況にある場合は、リスクを承知の上で、問題社員を解雇するか、そのまま社員として働いてもらうかのいずれかになります。

　本人の言動に関する証拠が揃っていない場合は、これから改善指導や懲戒処分などを行い、解雇理由になるであろう客観的証拠を積み上げていく他ありません。そうはいっても、現状のままでは他の社員への影響も大きく、これ以上は在籍して欲しくない、どうしても問題社員には退職してもらいたいという状況であれば、退職させるリスクとコストを十分に覚悟した上で解雇に踏み切るというのも、選択肢のひとつともいえます。

　相手も人間ですから、どこまで踏ん張って会社と戦うかはまったく分かりません。会社のリスクを軽減するために、当該社員に改善指導や懲戒処分をしていくとすると、1年ぐらいかかることもしばしばあります。

第3章　問題社員への対応方法

　悪影響しか及ぼさない問題社員を会社内に在籍させたまま給与を支払わなければならないと思うと「明日にでも退職してもらいたい、揉めたら揉めたで構わない、とにかく一日でも早く会社からいなくなって欲しい」と考えるのは致し方ないことでしょう。

　問題社員への対応は**【採用した会社の責任】【かかるコストを認識する】【解雇に至る経緯と理由】**の3つの要素を十分に理解する必要があります。

COLUMN

【問題社員　失敗事例】　協調性のないエンジニアを指導できなかったケース

Ａさんは、従業員130名ほどのシステム受託開発会社で働いているエンジニアです。内向的な性格からか、人とのコミュニケーションが苦手で、勤務時間中もほとんど会話をすることがありません。会話が必要な時はチャットやメッセンジャーを使います。

本人は、エンジニアとしての設計スキルが高いと自己認識しているようですが、エンジニアとしてのスキルは一般的で、特別高いスキルを持っているわけではありません。積極的にスキルアップを図るわけでもなく、プロジェクトリーダーから指示された業務を淡々とこなしています。

納期を意識して淡々と業務を行うのであればいいのでしょうが、リーダーからの指示があっても残業は一切拒否し、必ず定時には帰社するため、しばしば開発スケジュールに影響を与えてしまい、他のエンジニア

が尻拭いをする羽目になります。それでもＡさんは、「自身の責任ではない」「所定労働時間内に終わらない業務を与えるプロジェクトリーダーの責任である」と主張し、一向に態度を改める事はしません。

業務に対する姿勢は消極的で、自身に指示がされないものには、一切、手を触れようとせず、他のエンジニアにも非協力的な態度を取ります。

会社としても、Ａさんの勤務態度を評価する事はできず、いつもＡさんの人事考課は標準以下になるため、同期社員と比較しても昇給はさほどありません。昇格はまったくなく、入社から10年以上経過していますが、未だに一般社員のままです。

Ａさんは自分の処遇が低い事に常々不満を持っているようですが、本人の認識と、会社や周囲のエンジニアの認識とにギャップがある事に対してはまったく理解しようとはしません。このような就業態度のため、

第3章　問題社員への対応方法

どのプロジェクトからも参加要請が
なく、出社しても仕事がない時が増
えてしまいました。

　人事考課の都度、本人には就業態
度を改めない限り、この会社での将
来に対する見通しは厳しく、このま
までは退職勧奨になる可能性もある
と注意・指導をしていますが、まっ
たく注意・指導の効果はありません。
逆にAさんは、「自分に非はない、
退職勧奨をするのであれば、労働基
準監督署に相談し是正指導をしても
らう」「ユニオンに相談して団体交
渉をしてもらう」「弁護士を通して
裁判を起こす」と言い出すほどです。

　会社としては、Aさんの扱いにほ
とほと困り果ててしまっています。

【解説】

　このケースでは、会社側が適切な
タイミングに、適切な内容で「叱
る」ことができなかったのが、Aさ
んの態度を助長する要因であると考
えられます。

　上司は部下を本気で指導しようと
はせず、社員は元々反省する気がな
いところに積極的な注意・指導がさ
れないため、「このままが楽でいい」
という考えのまま、問題行動がエス
カレートしていきます。

「面倒くさいから相手をしない」で
は、会社側に取って問題は一向に解
決しませんし、問題社員はなくなり
ません。きちんと正面から社員と向
き合い、「ダメなものはダメ」と
しっかり叱り、良いことは積極的に
ほめ評価するという意識を持って社
員を教育する事で、社員の問題化は
防げるはずです。

COLUMN

【問題社員　成功事例】　厳し過ぎる有能エンジニアをうまく説得できたケース

Ａさんは、従業員400名ほどのシステム・インテグレーション企業に勤務している、中堅エンジニアです。キャリアが長く仕事に対する姿勢も厳しく、担当するプロジェクトのシステム構築実績も高いため上司の信頼も厚く、将来を有望視されています。

ところが、Ａさんが担当するプロジェクトは、他のプロジェクトに比較すると退職者が多いのです。通常であれば、退職者が出る事はそうそうないのですが、Ａさんがプロジェクトリーダーとして運営すると、必ずといっていいほど退職者が出るのです。

この会社では、一般的な上司から部下に対する評価だけではなく、部下から上司に対する評価や上司・同僚間での評価ができる「360度評価」を人事評価制度に導入しています。

この評価の中で、Ａさんに対する意見で気になるものがありました。

それは、「Ａさんはキャリアが長く有能で仕事もできるのですが、自分を律する気持ちが部下にも出てしまい、ついつい行き過ぎた部下指導となってしまっている」「とても優秀な人ではあるが、一緒に仕事はしたくない」というものでした。

実際に、Ａさんと同じプロジェクトに参加したばかりの若手社員が、次々とうつ病などで休職したり、退職してしまったりするケースが見られるのです。

Ａさんは、社内のプログラマーやエンジニアだけではなく、社外のエンジニアからも一目置かれるほど優秀なエンジニアです。仕事に対しても厳しく熱心ですが、一方でこだわりも強いため、「プログラムのソースコードが汚い、こんな汚いソースコードを書く者は頭が悪い」と、周囲をはばかることなく、淡々とメンバーに言い放つことが多々ありました。

こういった相手の感情に配慮しない発言は、同じ技術者としてとても傷つくものであり、特にAさんのように社内外から一目置かれる立場の人から直接言われてしまうと、人格的に否定されたように感じてしまいメンタル不全となってしまう場合もあります。

会社としては、優秀なエンジニアであるAさんに辞めてもらっては困りますし、若いエンジニアには退職せずに成長してもらいたいですから、Aさんへの対応を考える事としました。

Aさんには、「エンジニアとして今以上に成長してもらうためにプロジェクトのマネジメントスキルの向上を目指して欲しい」と伝え、Aさんのこれまでの行動を否定せず、相手の感情を想像しながら接するように、時間をかけて継続的に依頼をしていきました。

Aさんは元々向上意識が強く、仕事に対する姿勢も熱心で厳しい性格

のため、会社が求めているものを徹底的に追求していきます。しばらくすると、Aさんは、若手エンジニアのスキルやパフォーマンスを確認しながら不足している部分を指導するようになりました。若手社員から怖がられるのではなく慕われるようになると、より熱心に指導するようになっていきました。今度は熱心過ぎるあまり、時間も忘れて指導をしてしまうため、逆に若手エンジニアから悲鳴があがるくらいです。

適度なさじ加減で対応をするのは、本人の性格的なもので難しいようですが、本人のマネジメントスキルが成長する事で改善されていくと思われます。以前のように相手を傷つける言動は圧倒的に少なくなりました。

【解説】

このケースでは、Aさんが、エンジニアとしての能力が高いため、自分より能力が劣っている相手に対して、相手の心情を考慮できない発言

第4節　社員を解雇しなければならない場合の注意点

をしてしまい、無意識のうちにハラスメントをしていました。

　IT業界は人的コミュニケーションが苦手な人が多い傾向にありますので、こういった無意識のハラスメントが発生しやすいともいえます。

　特にエンジニアには、仕事は熱心で自分にも相手にも厳しく、論理的で弁が立つけれども、相手の立場や気持ちを想像する能力に乏しいというほうが少なくありません。また感情を爆発させずに淡々と話すため、これがかえって相手を傷つけることになるのにも気付いていなかったりします。こういった場合には、本人の向上心をうまく刺激するようにし、何が問題だったのかに焦点を当て、行動そのものは否定せず、さらに成長するために何が必要なのかを具体的に継続して示していくのが有効でしょう。

143

弁護士による章末解説

IT業界
問題社員対策の
法的対応　　弁護士　藤井　総

　私は顧問先企業に対して、問題社員対策として「3ない」をアドバイスしています。①採用しない、②いきなり正社員にしない、③いきなり解雇しない、の「3ない」です。

①採用しない

　そもそも、問題社員を採用しなければトラブルは起こりません。

　ここでは、私がこれまで相談を受けてきたトラブル事例から導き出した、相手が問題社員かどうかを見極めるポイントをお伝えします。

　問題社員の特徴は、「何かしらの強いこだわりがあり」「自分の主張を通そうとしてくる」点です。例えば、面接という、自分（という商品）を売り込む場で、仕事のやり方なり、勤務スタイルなり、給料なりで、（お客様である）会社の都合に関係なく、自分の主張を通そうとしたら、問題社員の素質大です。

　また、面接以外で、問題社員かどうか見極める確実な方法があります。新卒者ではなく、転職者限定の方法ですが、前の職場に聞けばいいのです。

　これは、前職調査といわれる手法でして、求職者本人の同意を得た上で行うのであれば、可能です（前の職場に確認する事項を特定した上で、採用選考のためにのみ使用すると明記した同意書に、署名をしてもらうべきでしょう）。元上司など、一緒に働いていた人間に電話で聞けば、はっきりとした情報は教えてもらえなくても、口ぶりや声のトーンから、何となく分かることも少なくないでしょう。

144

Chapter Commentary by Lawyer

②いきなり正社員にしない

　次の対策として、いきなり正社員として採用する（つまり、期間の定めのない雇用契約を結ぶ）のではなく、試用期間を設けることが大切です。そして、試用期間中に、問題社員かもと思ったなら、本採用を拒否（試用期間満了時に解雇）するのです。

　試用期間の長さに法律上の決まりはありませんが、試用期間が1か月だと、本採用を決めるにあたって、問題社員かどうか見極める時間がありません。というのは、試用期間が15日以上になる場合は、本採用拒否＝試用期間満了時の解雇にあたって、30日以上前までに解雇予告をするか、あるいは、解雇予告手当（解雇予告日から解雇日までの日数が30日未満の場合の、下回った日数分の賃金相当額）の支払いが必要になるからです。そのため、問題社員かどうかを見極めて、かつ、解雇予告手当は支払わずに済ませたい（30日以上前に解雇予告をする）となると、試用期間を2か月として、最低1か月は働きぶりを見て、1か月経つまでに見極める必要があります。

　問題社員だと判断したら、その（試用期間満了まで30日以上ある）時点で、本採用拒否＝試用期間満了時の解雇の予告をするのです。

　注意しなければいけないのは、本採用を拒否するためには、客観的に合理的な理由と、社会通念上の相当性が必要ということです。そこで、本採用時の達成目標を明確に設定して、この目標が達成できれば本採用するけど、クリアできなければ本採用は拒否する、ときちんと伝えて、書面に残しましょう。そして、本採用を拒否する時は、どの目標を達成できなかったのか、きちんと特定して、これも書面に残すようにしましょう。

弁護士による章末解説

③いきなり解雇しない

　これだけ注意しても、問題社員を採用してしまった場合、その場合は、とにかく、いきなり解雇してはいけません。いきなり解雇しても、裁判ではまず間違いなく無効になります。裁判で解雇を認めてもらうのは、とにかく大変です。

　そこで、最初に目指すのは、自主的に退職してもらうことです。退職届を自分から提出させれば、後から不当解雇だと主張することが難しくなります。そのためには、あなたにどういう問題があるのか、そのせいで業務にどのような支障が生じているのか、繰り返し説明し、会社で自分がパフォーマンスを発揮できていないことを理解させる必要があります。その際に、中小企業の場合は、本人の上司に任せるのではなく、社長が前面に立つ必要があります。一社員に問題社員の対応を任せるのは、荷が重すぎます。

　それでも自主的に退職しない場合は、懲戒処分を積み重ねることが必要です。法律上、解雇は、問題ある従業員に対する最終手段とされています。手を尽くしたが、それでもダメだという場合に、初めて有効になります。問題社員の問題行動には、軽い懲戒処分からスタートして、段階的に重くしていきます。面倒でも、毎回きちんと書面に残す必要があります。

　これをやっておけば、最終的に解雇して、その後、解雇無効の裁判を起こされても、解雇に向けてきちんとプロセスを踏んでいる、と主張できます。いきなり解雇した場合よりも、解雇が認められやすくなりますし、最終的に解雇が認められないとしても、比較的有利な条件で、和解で終わらせることができます。

Chapter Commentary by Lawyer

　以上の「3ない」のうち、一番重要なのは、「①採用しない」です。中小企業には、なかなか良い人材が集まりません。ですが、少ない人数で業務をこなさないといけない中小企業で、問題社員を1人でも採用すれば、会社はガタガタになってしまいます。危ないと思ったら採用しない、これは鉄則です。これまで私が相談を受けてきた、問題社員のトラブルは、人員不足で会社が回らない中で、ちょっと危ないかなと思っても、その社員を採用してしまった場合が、ほとんどなのです。

第4章
ルーズな
労務環境の整え方

第4章　ルーズな労務環境の整え方

＠ 第1節
IT業界に多い労務リスク

◉時間外労働・休日出勤の管理の甘さ

　会社は、毎日の労働時間や就業状況に応じて賃金を計算し支給します。この時、法定労働時間を超えた分や休日出勤分については、時間外割増賃金を支払わなければいけません。

　例えば、月の所定労働時間160時間に対し、その月の残業が40時間発生していたとします。深夜勤務（22時から翌朝5時までの勤務）や休日出勤はありません。月額基本給が30万円とすると、30万円÷160時間×1.25＝2,344円（1円未満四捨五入）×40時間＝93,760円の時間外割増賃金の支払いが必要となります。

　IT業界の労務トラブルの中で一番多いのが、時間外労働や休日出勤に関する取扱いです。ほとんどがサービス残業に関連するものといえます。

　まずは、委託元との業務委託契約上に定められている月間作業時間と、派遣されている技術者の実労働時間との差異を吸収するために、時間外労働があったにも関わらず、割増賃金が支払われていないケースについて見ていきましょう。例えば、月間の作業時間を「140時間〜180時間まで」などの幅を持たせた契約とします。このような契約条件の下では、技術者の実働時間が契約作業時間内であれば一定の委託報酬額を支払います。一方、実働時間が契約時間に足りない、または超えている場合に限り、委託報酬額を減額・増額をするという方法を取るため、労務トラブルが生じることがあります。

　委託先との契約自体に違法性があるというわけではなく、実働時間が労働基準法で定める法定労働時間を超えている場合には、当然に割増賃金の支払いがされなければいけないにも関わらず、契約時間を理由とし、賃金が適正に支払われていない点（法定労働時間を無視し、あくまでも委託先との契約時間を根拠に賃金が支払われる状況）に問題があります。

　上記以外では、最近の契約の傾向として、毎月の作業時間に幅を持たせるの

150

ではなく、一定額の単金契約（月額100万円など作業時間の長短に関係なく契約額が固定されているもの）とするものが増えています。これは業界相場が下がってきている影響といえます。派遣されている技術者の就業時間が増えれば増えるほど利益を圧縮してしまうことになるため、残業をさせないようにするのはまだ良いほうで、残業相当分の賃金が支払われないケースもあります。

　また、年次有給休暇の取得分に相当する時間を実作業時間として委託元へ請求できないため無給扱いとしているケースがあります。前述した契約スタイルが影響するもので、委託元で作業している従業員が年次有給休暇を取得すると、有給休暇取得時間分の実稼働時間が減ってしまい、場合によっては委託元への請求額への影響が出てしまうため、年次有給休暇を取得した時には有給ではなく無給扱いとしてしまうものです。これは明らかに労働基準法第39条違反となります。

　この他、所定休日・法定休日出勤の労働時間に対する割増賃金が未払いになるケースもあります。休日出勤の超過労働時間分が、委託元との月間契約時間を超える場合は、当該超過時間に相当する料金が支払われるものとなっています。そのため、従業員へも当然に超過分の給与が支払われるのかと思えば、休日出勤時間を含む実働時間が契約時間の範囲内でかつ休日出勤の割増賃金分の請求ができない場合に、従業員本人に支払う給与額だけが増えることから未払い扱いとされてしまうものです。

　これらについては、企業側は実労働時間や勤務実態を把握しているものの賃金未払いとしている場合が多く、委託元との契約時点で、実労働時間に対する請求が可能となるような契約内容としていくことが、委託先に求められています。

　長時間労働に対する健康管理の甘さからメンタル不全者が増加していることも懸念されます。実労働時間の適正把握と賃金支払いに関しては、今後も監督官庁では厳しく取り扱われるのは間違いありません。安全衛生面から見て会社側の安全配慮義務違反として厳重に処分されないよう、また、過重労働を防止する意味でも真剣に取り組んでいかなければならないものといえます。

第4章　ルーズな労務環境の整え方

●年俸制の給与形態での未払い残業

　給与形態には様々ありますが、IT関連企業のうち、設立間もない企業、社員数が少ない企業で、専門業務型裁量労働制と組み合わせて年俸制の給与形態を導入している企業を多く見かけます。

　年俸制は、文字通り年を単位として給与を支払う形態になりますが、支払方法は企業によりいくつかの方法に分けられます。ここでは主な3つをご紹介します。

①基本年俸＋賞与

　月給（月例賃金）の12倍を基本年俸とし、賞与は別建てで支払う方法です。例えば賞与が4か月分あるとすれば、これを年俸額には組み入れないで残しておきます。

　また、賞与分を基本年俸に含め、これを14等分や16等分した金額のうち12か月分を月給として支給し、残り2か月分・4か月分を賞与支給月に支給する方法もあります。

②基本年俸額に月例賃金×12倍以外に基本賞与も加え、さらに別建てで業績賞与を付加する方法

　例えば賞与が4か月分あるとして、このうち3か月分を基本賞与として年俸に組み込み、残りの1か月分を業績賞与として分けておきます。計算方法は多少複雑になります。

③月例賃金と賞与を含めすべて年俸額として一本化し、これを12か月に均等割りして支払う方法

　この方法では、中間期に企業業績や本人の成績の見直しを行い、後半の年俸額を修正することも行われることがあります。このため、半期年俸制という表現をする企業もあります。

　年俸制と専門業務型裁量労働制を組み合わせて導入している場合、勤務時間

152

については社員に自由性を持たせ、給与額を年額で定めて年俸制として支給し、割増賃金（時間外勤務・深夜勤務・休日出勤）を支給しないケースがよく見受けられます。

　一見すると勤務時間にも裁量があり問題がないように捉えられがちですが、年俸制を導入していても、元々の年俸額に一定時間の時間外手当相当分が含まれていない場合には、深夜勤務や休日出勤分も含め割増賃金の支払いが必要となります。

　年俸制を導入する際に割増賃金分も含めたい場合は、1年間でどの程度の残業時間が発生しているか、時間外勤務状況を確認し、これを元に算出された割増賃金を含んだものとして年俸額を計算します。さらに各個人に年俸額を通知する際には必ず、年俸額に含まれている残業時間に関する内容を通知します。これにより、一定程度まで自由性がある方法として利用できると考えます。ただし、想定していた時間外勤務時間を超えて勤務した場合には、当然に割増賃金の支払いが必要となります。はじめから残業時間分を含んでいるから問題ないということではありませんので、注意が必要です。

●専門業務型裁量労働制のプログラマー職の問題

　裁量労働制を適用できるのは一定の職種に限られます。ところが、職種を限定せずに、本来であれば専門業務型裁量労働制が適用されないプログラマーや総務・人事・経理職などにも裁量労働制と称した時間管理制度を導入し、就業時間の管理を行わないケースも見られます。

　専門業務型裁量労働制が適用できる職種としては19業務が認められています。このうち、IT業界で活用できる職業のひとつとして「情報処理システムの分析または設計の業務」が該当します。いわゆるシステムエンジニアといわれる業務です。

　情報処理システムとは、情報の整理、加工、蓄積、検索などの処理を目的として、コンピュータのハードウェア、ソフトウェア、通信ネットワーク、データを処理するプログラム等が構成要素として組み合わされた体系を指します。具体的な業務内容としては、以下の業務を行うものとされています。

第4章　ルーズな労務環境の整え方

> ・ニーズの把握、ユーザーの業務分析などに基づいた最適な業務処理方法の決定及び
> 　その方法に適合する機種の選定・入出力設計、処理手順の設計等
> ・アプリケーション・システムの設計、機械構成の細部の決定、ソフトウェアの決定等
> ・システム稼動後のシステムの評価、問題点の発見、その解決のための改善等

　以上の業務には、アプリケーション・システムの設計・開発の業務、データベース設計・構築の業務は含まれますが、プログラムの設計または作成を行うプログラマーは含まれません。

　上記以外では「システムコンサルタントの業務」も専門業務型裁量労働制が適用できる業務となります。労働基準法施行規則第24条の2の2第2項と、同項第6号により厚生労働大臣が指定する業務を定める平成9（1997）年労働省告示第7号では、当該業務は、「現行の情報処理システムまたは業務遂行体制についてヒアリングなどを行い、新しい情報処理システムの導入または現行情報処理システムの改善に関し、情報処理システムを効率的、有効に活用するための方法について問題点の把握を行うこと」です。「システムの開発に必要な時間、費用などを考慮した上で、新しいシステムの導入や現行のシステムの改善に関しシステムを効率的、有効に活用するための方法を考案し、助言するもの」とされています。この場合、単に顧客から相談を受ける程度のものは含まれません。

　また、「ゲーム用ソフトウェアの創作の業務」も専門業務型裁量労働制の対象となっています。ここでいう創作業務とは、家庭用テレビゲーム・携帯ゲーム用・ゲームセンター用のゲームソフト、PC用ゲームソフトのシナリオ作成（全体構想）などを指しており、ここでもプログラマーは除外されています。

●管理監督者の捉え方とプロジェクトマネージャーの処遇

　昨今、「名ばかり管理職・偽装管理職」が世間で注目されているように、労働基準監督署では、管理職の処遇について、法令で定められている管理職の概念にあてはまっているかどうかを厳しく判断するようになってきています。しかし、実際には係長・課長という役職名が付いたからといって、各役職に応じた職務内容や裁量権の度合いまで考慮されているとはいえず、単に役職手当を

154

支給し残業代は支給しないというのが現実でしょう。

　労働基準法では、管理監督者を「事業の監督または管理者の地位にある者で経営者と一体になって仕事をする者、使用従属関係上の拘束が一般労働者に比して弱い者」と定義しています。労働時間管理の観点から見ると、職務の性質上、労働時間に関する規定の枠を超えて働くことを要請されており、また、自己の判断で出退社できる自由裁量権を持っている者となります。通常、係長や課長職は経営者と一体になってまで経営責任を負って業務を遂行することは求められておらず、使用従属関係も強いものです。そのため、経営者と一体になるまでの職責を負うのは、取締役部長クラス以上を指すものといえるでしょう。給与面から見ても、役職手当が残業見合いの意味で支給されている場合には、法令で定める管理監督者に対する手当とはされません。

　IT業界では、プロジェクトマネージャーやディレクターと呼ばれる立場の役職者がいます。これらの役職者は、労働基準法上での管理監督者に該当するのでしょうか。

　IT業界でのプロジェクトマネージャーとは、プロジェクトの運営責任者＝プロジェクトマネジメントを実践するための責任者を指します。具体的には、プロジェクトの企画・提案、プロジェクトメンバーの指名、社内調整、顧客折衝、要件定義、受注、品質管理、進捗管理、コスト管理、リスク管理など、プロジェクトに関わるコストからリソース管理・配置までを行います。また、プロジェクト決裁者に説明をし、承認を得ることも重要な役割のひとつといえます。

　プロジェクトマネージャーの行うべき作業のうちのいくつかは、プロジェクトリーダーと呼ばれる下位職責者にその実施を指示し報告を受けることで、より円滑なプロジェクトマネジメントが実現します。誰がどの範囲に責任を持ち実践するのかを決定するのもプロジェクトマネージャーの重要な仕事になります。

　ただ、プロジェクトマネージャーという役職名を与えられていても、1プロジェクトに対して、工程数管理から外注先の選定、採用する人材の決定まで幅広く裁量権を与えられているものから、単に進捗管理だけで人事裁量権はまっ

第4章　ルーズな労務環境の整え方

たくなく、自身の勤務管理も別責任者に管理されているといったものまで、企業によって様々な形態・処遇があります。すべてのプロジェクトマネージャーが労働基準法に定める管理監督者に該当するわけではありません。

したがって、ここでも役職名の呼称で判断するのではなく、法律で定義されているような裁量権が与えられているのかどうかを検討することが必要になります。具体的には、以下のような3つの判断基準と1つの注意点に沿って検討することが必要とされます。

【判断基準1】　業務内容に裁量権が大幅に与えられている

労働基準法では、労働時間、休憩や休日等に関する規制の枠を超えて活動せざるを得ない重要な職務内容を有している必要があるとされます。

人事採用に関する決定権、解雇に関する決定権がある、メンバーの人事考課を行う立場にある、労働時間の管理や時間外勤務に対する指示をしているかなどを判断します。

【判断基準2】　管理職なのか一般社員なのか時間管理を明確に区分する

労働基準法では、管理監督者の実際の勤務状況について、労働時間等の規制になじまないようなものであるものと規定されています。管理職は、遅刻・早退・欠勤について報告と届出程度でよいとし、給与（月給や賞与）についても労働時間とは切り離した形での支給として考えるようにします。

【判断基準3】　管理職が一般社員より総年収額が多くなるようにする

たとえ役職手当などを支給したとしても、月給ベースで見た場合に残業代が支給される一般社員より支給額が低くなってしまうようであれば、やはり管理職扱いとはいえません。この場合は、賞与支給などにより総年収額では一般社員より多くなるような給与設計を考慮してみることも必要です。

【注意点】　健康確保措置を講じる

管理職とはいえ長時間労働にならないように注意する必要があります。
目安としては、月間時間外労働80時間・年間700時間に相当する時間を超え

第1節　IT業界に多い労務リスク

ないようにします。

　また、定期健康診断の徹底や、メンタルヘルス面でのサポートなども会社全体の安全配慮義務として対策を講じるようにします。

第2節 会社に合った労働時間管理・休日の考え方

◉「振替休日」と「代休」の理解

　休日の扱い方として「振替休日」と「代休」の考え方があります。
　振替休日は、あらかじめ定めてある休日を事前に手続きして他の労働日と交換することを意味します。この場合、実際に労働した日は「休日労働」にはなりません。
　振替休日として扱うためには、以下の4要件が必要となります。

①就業規則などに振替休日の規定があること
②振替日を事前に特定すること
③振替日は4週の範囲内とすること
④遅くとも前日の勤務時間終了までに振り替える旨を通知すること

　給与は、同一週内で振り替えられた場合には通常の賃金の支払いでよく、週をまたがって振り替えた結果、週の法定労働時間を超えた場合は、時間外労働に対する割増賃金の支払いが必要となります。
　一方、代休は、先に休日に労働が発生し、事後に代わりの休日を与えることを意味します。休日労働をしたという事実に変わりはなく、これを帳消しにすることはできません。代休を取るための要件は特にありませんが、制度として行う場合は、就業規則などに代休を付与する条件や賃金の取扱いを具体的に記載する必要があります。
　給与については、休日労働をしたという事実が消えない以上、休日労働に対する割増賃金の支払いが必要となります。ただし、後日与えた代休日を有給とするか無給とするかは、就業規則などの規定によりどちらにもできます。
　IT関連企業では、業務の繁閑が事前に分かる場合が多く、事前に労働日と休日を振り替えて扱うことがあります。このため、振替休日のほうが代休よりも多く活用されています。ただ一方で、振り替えた休日に、さらに業務が入っ

てしまうことがあり、振り替えた休日を休日として休めなかったというケースもあります。中にはプロジェクトが稼動している期間中、振替休日を利用していたものの、振替日に業務が入るという状況を繰り返し、結果としてプロジェクト終了時まで休日が取れなかったというケースもあります。このような場合、振替休日という考え方そのものに合致しなくなり、休日出勤の割増相当分が未払いになっているという状況になってしまいます。

　振替日を4週以内とするよう努力しているものの、業務の都合でその後に休日を取らざるを得ないという状況になりがちですので、振替休日を利用する場合には、労働日として振り替えた休日をしっかり休めるような体制を取ることが企業には求められています。

◉法定休日と所定休日

　労働基準法第35条で定める休日とは、**1週間で1日、または4週のうち4日以上の休日を与えなければならない**としています。つまり、労働基準法で与えなければいけない休日＝法定休日となります。

《図19》「法定休日」の設定頻度

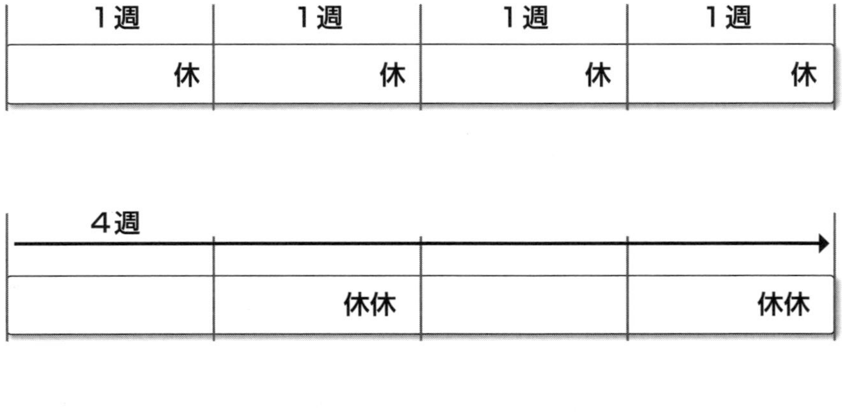

　就業規則上で、この法定休日を「日曜日」と定め、業務上やむを得ない理由により出社する場合は、会社（＝所属長）に「事前に」申請をし、承認された

159

第4章　ルーズな労務環境の整え方

時点で、休日出勤が認められることとなります。この「法定休日」に勤務した際の休日出勤手当は、割増率を35％以上としなければなりません。

　週1日以外の休日は、労働基準法で定められた休日とは別に扱いますので「所定休日」となります。この所定休日に当たる休日は、労働基準法で特に定めがありませんので、休日労働としての割増賃金を支払う必要はありません。ただし、週の法定労働時間を超えた場合には、割増賃金を支払う必要があります。

　単に、土曜日・日曜日・祝祭日・夏期休暇・年末年始……と休日を設定するのではなく、法定休日と所定休日をしっかり使い分けることで、割増賃金を余分に支給しなくてもよい場合もあります。

　休日労働について、どんな業務によって休日出勤が必要となるかについてまで、就業規則などで具体的に規定していることは少ないかもしれませんが、休日出勤に対する上司や会社の命令を明確にしたい場合には、想定される休日労働の内容を具体的に定めておくようにしましょう。

　また、社員が上司や会社の許可なく出勤した時には、この出勤に対する賃金や割増賃金を支給しないことも合わせて規定すべきです。これにより、会社に許可なく勝手に休日出勤をしたり、休日出勤後に事後申請を行うことのないように規律を正します。

　IT関連企業でも、特に小規模の企業では、この法定休日と所定休日の考え方が理解されていない場合が多いようです。このため、「休日勤務手当がまったく支給されていない」「休日勤務手当が法定休日と所定休日分に分けられていないがために、全部の休日勤務手当が35％の割増率で支給されている」などのケースが見受けられます。すべての休日勤務手当を35％の割増率で支給してきた場合は、既得権益が発生してしまっていますので、今後「法定休日と所定休日とで支給率を変えたい」といっても、労働者の同意がないと変更できません。

　このような状況にならないためにも、企業は自社の休日をどう扱うべきかを決定し、さらに休日勤務を行う際の就業ルールの徹底が求められます。

第3節 固定残業制の考え方

●固定残業制を正しく活用するための６つのポイント

　毎月の残業手当の額を、一定時間に相当する分として固定額として支給する場合があります。これを**固定残業制**（みなし残業制ともいいます）といいます。
　この一定時間に相当する割増手当は、現実に時間外勤務が発生しなくても固定的に支給されるため、企業側からすると余分な人件費が発生するようにも思えますが、当初から一定時間分の時間外手当を想定した給与設計を行うことができ、人件費把握が容易になるという一面もあります。
　社員からすると時間外勤務が発生していなくても割増手当が支給される点で月額給与が多少大目になることから、業務効率を高めようという意識にはつながりにくいマイナス面があるともされます。
　この固定残業制を適正に活用するには、以下の６点に注意が必要です。

①従業員に対して制度の仕組みや詳細を明確にする

　特に注意をしなければならないのは、従来支給されている給与額に固定残業代相当分が含まれる形に変更する場合です。この変更は、固定残業代分を割り戻して計算することになるため、従業員側からすれば不利益変更となるという点です。
　したがって、変更の際には、従業員から同意を取るなど慎重に取り扱う必要があります。

②固定残業代は何時間分に相当するのかを明示する

　固定残業制は、全従業員を一律の時間で統一する必要はなく、各部門や職種により相当時間を設定することができます。
　ただし、時間外勤務や休日勤務のうち何時間分が固定残業代に相当するのかを明らかにしておきます。

③基本給等と固定残業代の額の内訳を明示する

固定残業代相当額が別手当として支給されている場合は問題ありませんが、基本給の中に固定残業代が設定されている場合には、基本給のうちどの程度が固定残業代に相当するものなのか、その内訳を明示する必要があります。

④固定残業代の算出方法を明示する

前述のように固定残業代の設定については、別手当で支給するものもあれば、基本給に含めて支給するものもあります。いずれについても残業代の計算方法を明らかにして、従業員が自ら計算・確認ができるようにしておく必要があります。

⑤就業規則または給与規程に固定残業代がある旨を規定する

固定残業制度を採用するにあたり、就業規則または給与規程に、給与構成・固定残業に相当する時間・計算方法などを具体的に定めます。

⑥別の雇用契約書などにも、固定残業代の内訳を記載する

本来であれば包括合意である就業規則などに定めてあれば問題はありませんが、従業員の不安を払しょくし制度自体を明確にする意味で、雇用契約書の「賃金」に関する事項に、固定残業代の内訳を記載しておくとよいでしょう。

固定残業代を算出する際に、新たに固定残業代を設けるのではなく、元の支給総額から固定残業代を逆算する時は、固定残業代を差し引いた額が新たな基本給額となります。そのため、元の基本給額を引き下げることになりますので、労働条件の不利益変更とならないようにしなければなりません。

例えば、A社員の基本給が月額30万円、1か月の月間所定労働時間が160時間であった場合、割増賃金の計算単価は2,344円（30万円÷160時間×1.25、1円未満四捨五入とした場合）となります。この額に、固定残業代として1か月45時間分の時間外勤務相当額が含まれるものとした場合、固定残業代相当額として78,030円を差し引いた額221,965円が基本給となり、元々の基本給額より低いものとなります。

第3節　固定残業制の考え方

固定残業代相当額の計算式は次の通りです。

> 基礎単価＝300,000円÷（固定残業時間45時間×1.25＋月間所定労働時間160時間）
> 　　　　＝1,387.28円
> 割増賃金の計算単価＝1,387.28円×1.25＝1,734円（1円未満四捨五入とした場合）
> 固定残業代相当額＝1,734円×45時間＝78,030円

　また、固定残業代に含まれている割増賃金の内容（普通残業相当分・深夜割増相当分・休日勤務分）と、実際の超過時間によっては、別途割増賃金の支払いが必要になります。

　IT関連企業でも、前述の年俸制と同じくらい固定残業制を採用していることが多いのが実態です。労働時間に対する対価を支払っているという意識よりも、与えられた業務に対するパフォーマンスに対して対価を支払っているという意識が強い傾向があることと、固定的な人件費として考えたいという意識の両方が働いていることが理由といえます。残念ながら現行の労働基準法では、労働時間管理の考え方が基本となっていることから、裁量労働制が適用されない職種に関しては、時間外労働に対するケアが必要になります。運用方法を間違えない限り、固定残業制自体は違法な方法ではありませんので、これらをうまく活用し、自社に合った労働時間管理を行う必要があります。

●最近の行政指導の傾向

　最近は、長時間労働に対する過重労働について行政指導がされています。電通事件以降、過重労働による精神障害や、それに伴う自殺が増えており、労働者の健康について特に留意することが求められている事が要因と考えられます。

　毎年4月に発出される「地方労働行政運営方針」でも、2019年度の方針として、働き方改革による労働環境の整備、生産性向上の推進等を重点施策としており、その中には、長時間労働の是正を始めとする労働者が健康で安全に働くことができる職場環境の整備等を進めるとされています。

　実際に、定期調査でも、長時間労働の是正および過重労働による健康障害防止に係る監督指導として、事前に企業に送付された質問票を元に、時間外・休

163

第4章　ルーズな労務環境の整え方

日労働時間数が1か月当たり80時間を超えていると考えられる事業場を中心に行われています。

　長時間労働に対する賃金未払いの是正だけではなく、労働安全衛生の観点から、長時間労働による健康障害をいかに防止する策を講じているか、講じていない場合は、どのようにして講じていくかを厳しく指導されています。

　働き方改革による労働環境の整備、生産性向上の推進等を重点施策としている以上、当面はこの内容に沿った行政指導が行われると想定されます。

第4節 専門業務型裁量労働制の考え方

●専門業務型裁量労働制とは

　労働基準法では、裁量労働制として専門業務型と企画業務型の2つの制度があります。

　IT関連企業で導入されるのは**専門業務型裁量労働制**になります。

　この制度は、業務の性質上、業務遂行の手段や方法、時間配分などを大幅に労働者の裁量に委ねる必要がある業務として、法令により定められた19業務の中から、対象となる業務を労使で定め、労働者を実際にその業務に就かせた場合、労使協定であらかじめ定めた時間を労働したものとみなす制度です。

　専門業務型裁量労働制を導入するためには、導入する事業場ごとに、次の事項について、書面による労使協定で定めることが必要とされます。また、労使協定は、法律に定める様式で、その事業場の所在地を管轄する労働基準監督署長に届け出なければならず、その内容は労働者に周知しなければなりません。具体的には次の7点がかかる内容です。

①対象業務
②みなし労働時間（対象業務に従事する労働者の労働時間として算定される時間）
③対象業務を遂行する手段および時間配分の決定などに関し、対象業務に従事する労働者に具体的な指示をしないこと
④対象業務に従事する労働者の労働時間の状況の把握方法と把握した労働時間の状況に応じて実施する健康・福祉を確保するための措置の具体的内容
⑤対象業務に従事する労働者からの苦情の処理のため実施する措置の具体的内容
⑥有効期間（3年以内とすることが望ましい）
⑦時間外労働・休憩時間・休日労働・深夜業の扱い（これらの取扱いについては、就業規則で定めれば足りるが、専門業務型裁量労働制の対象労働者に対

第4章　ルーズな労務環境の整え方

して、他の労働者と異なる取扱いとする場合などは、これらについても労使
協定で規定しておくことも可能）

また、専門業務型裁量労働制を導入できるのは、以下の19業務です。

①新商品もしくは新技術の研究開発または人文科学もしくは自然科学に関する
　研究
②情報処理システム（電子計算機を使用して行う情報処理を目的として複数の
　要素が組み合わされた体系であってプログラムの設計の基本となるものをい
　う。⑦において同じ）の分析または設計
③新聞・出版事業での記事の取材・編集業務、またはラジオ・テレビ放送事業
　での放送番組制作のための取材・編集
④衣服、室内装飾、工業製品、広告などの新たなデザインの考案
⑤放送番組、映画等の制作の事業におけるプロデューサーまたはディレクター
⑥コピーライター
⑦システムコンサルタント
⑧インテリアコーディネーター
⑨ゲーム用ソフトウェアの創作
⑩証券アナリスト
⑪金融商品の開発
⑫大学での教授研究
⑬公認会計士
⑭弁護士
⑮一級建築士、二級建築士および木造建築士
⑯不動産鑑定士
⑰弁理士
⑱税理士
⑲中小企業診断士

　上記のうち、IT関連では②（情報処理システムの分析・設計）、⑦（システ

166

ムコンサルタント）、⑨（ゲーム用ソフトウェアの創作）が専門業務型裁量労働制の適用対象となります。

●専門業務型裁量労働制での２つの注意点

　IT関連企業が専門業務型裁量労働制を導入する際、前述した通り、年俸制の給与体系と併せて行うことがよくあります。この使い方が、労働時間管理や残業の取扱いに関する認識に誤解を生じさせ、また誤った認識（従業員が自由に働くことができるのであるから残業代は払わなくてもよいだろう）につながっていくことになります。

　制度そのものに、一定程度の自由裁量性があることは事実ですので、誤った使い方をしなければ、就業環境の改善につながります。

　専門業務型裁量労働制を利用するにあたっては、以下の２点に注意が必要です。

①労働時間の把握が問題

　対象業務、制度の導入要件、合法的な手続きを経た制度導入が図られていることが前提ではありますが、深夜（午後10時〜翌午前5時）および休日を除く通常時間帯の勤務に関しては、労働基準監督署の実際の指導状況によると、所在証明（いかなる時間帯にどの程度の時間在社し、労務を提供し得る状態にあったかを客観的に証明できる）程度の労働時間の把握でよいとされています。また、深夜及び休日の労働時間はタイムカードなどにより具体的な労働時間数まで把握し、記録に残す必要があるとされています。つまり、深夜勤務と休日勤務については、別途、法定割増賃金の支払義務が生じるものとなるためです。

②１日のみなし労働時間

　１日のみなし労働時間を設定する際には、導入前の対象労働者の平均的な実労働時間を基準にします。その後は、労働時間の把握を行いつつ、労使協定のみなし労働時間について、定期的に見直し・調整をしていくことになります。

　よく裁量労働制は、「業務遂行の手段や方法、時間配分などを大幅に労働者の裁量にゆだねる必要がある」とされていることから、会議などの時間を指定

第4章　ルーズな労務環境の整え方

できず、他の職種との連携がしにくくなり、かえって仕事がしにくい状況になるとの声を聞きます。ただ、現実には、裁量労働制が適用される従業員であっても、業務上必要な会議への参加、出張、接客などを要求することができ、結果として時間が指定されることは合理的な範囲であると考えられています。

　例えば、他の従業員との整合を図るために、始業時間だけを指定し、その後の就業時間は本人の裁量に委ねられている場合は、必ずしも違法とは限らないとされます。

　一方で、プロジェクトチームを組んで開発業務に当たる場合に、実際上、そのチームの管理の下に業務を遂行し、時間配分がされているケースは、裁量労働に該当しないとされます（S63.3.14基発第150号）。

168

第5節 労働時間の管理と判断

◉労働基準法における労働時間の考え方

　労働基準法第32条で、使用者は、労働者に休憩時間を除いて1日に8時間、1週間に40時間を超えて労働させてはいけないとしており、これを法定労働時間といいます。

　就業規則上でも、始業および終業の時刻、休憩時間、休日、休暇などの事項は、必ず記載しなければならない事項とされており、各企業の実態に応じて具体的に規定する必要があります。IT関連企業でも当然に法定労働時間の範囲内で勤務させなければなりません。

　この1日8時間、1週40時間の総枠を考慮した上で、例外として1週40時間の原則に合致しているかどうかを一定期間の中で判断していく仕組みを、変形労働時間制といいます。変形労働時間制には、1か月単位の変形労働時間制、1年単位の変形労働時間制、1週間単位の変形労働時間制、フレックスタイム制があります。1か月単位の変形労働時間制、フレックスタイム制では、1日当たりの上限時間は設けられていません。

　上記の変形労働時間制以外に、業務ごとに労働時間の管理に関する裁量制を持たせた、専門業務型裁量労働制や企画業務型裁量労働制もあります。

　IT関連企業のうちシステム開発等の業務では、法定通りに1日8時間、1週40時間の考え方により勤務する場合の他、1か月単位の変形労働時間制、フレックスタイム制、専門業務型裁量労働制を導入するケースがあります。また、システムやサーバーの保守・運用の業務では、1か月単位の変形労働時間制を導入し、これに日中勤務と夜間勤務を組み合わせたシフト勤務により労働時間を調整しているケースも多くあります。

◉労働時間＝人件費

　労働基準法上の労働時間を管理する方法としては、以下の3点が考えられます。

第4章　ルーズな労務環境の整え方

①出社・退社時間を固定的に設定する
②変形労働時間制という考え方により、1か月や1年間の一定期間内で、業務の繁忙期・閑散期に応じて労働時間を設定する
③職種に合わせて、一定の範囲内で労働時間を社員の裁量に任せる

　社員が行う業務内容は多岐に渡るとしても、勤務時間を朝9時から夕方18時まで、休憩時間は12時から13時までなどと固定的に設定する方法を採用する会社が、この業界でも多いといえます。

　これは、労働時間の管理方法を考える際に、「世間一般的に、朝は9時から始まる会社が多いから、うちも9時からにしよう」「うちは流通業でもないし、土・日休みで問題ないから」「開発現場に合わせてそれぞれ管理するのは大変だし」などと、何となく決めていたというのが一番の理由でしょう。

　労働時間・休日の管理方法を考える際には、「一般的にこうだから」とか、「同業他社がこうだから」とか、管理の煩雑さだけで決めずに、あくまでも自社としてどのような方法が一番適切なのかを念頭に検討すべきものです。

　労働時間・休日を決めるということは、会社の人件費を決めること＝直接原価を決めることとイコールであるということを、決して忘れてはいけません。

事例　Example
職種別に時間管理を行っているケース

　ある会社では、「事務職は9時から18時までの勤務（休憩60分）で、技術職は10時から15時までをコアタイムとしたフレックスタイム制を導入」というように、事務職と技術職で異なる労働時間の管理方法を採用しています。

　技術職は、プログラマーとシステムエンジニアに分かれますが、専門業務型裁量労働制をプログラマーに導入できないことから、必ず出社していなければいけない時間だけを固定とし、後は個人に出社・退社時間を自由に設定できるようにしています。

第5節　労働時間の管理と判断

　元々は技術職も事務職と同様に、毎日一定時間で勤務していたのですが、一定のルーティンワークがある事務職とは異なり、技術職は労働時間の長さが業務内容とイコールではないため、フレックスタイム制を導入しました。

　結果として技術職社員のモチベーションにもつながり、少ない労働時間の中で効率良く業務が行えるようになり、職種によって労働時間の管理方法を変えたことが、人件費削減につながりました。

事例　　　　　　　　　　　　　　　　　　　　　　　　　　　　Example
出勤時間を複数設定しているケース

　ある会社では、「フレックスタイム制では、労働時間の清算や日々の時間管理が煩雑になる」とし、出勤時間を複数パターン設定し、これを社員が好きに選択できる方法を取っています。

　出勤時間に「Ａ：9時」「Ｂ：10時」「Ｃ：10時30分」の3パターンを設定し、1日の労働時間は休憩60分を除いて8時間勤務するという形です。

　翌日以降の出勤パターンは、少なくとも前日までに所属長に申告し、所属長が業務に支障がないかどうか判断して承認します。

　1日の労働時間は8時間となりますが、事務職・技術職とも出社時間を社員に選択させたことで、柔軟な働き方ができるようになり、従業員満足度（ES）を高める結果となっています。

第4章 ルーズな労務環境の整え方

●残業代・休日出勤手当で是正指導を受けないための４つのポイント

　労働時間管理をしっかり行っていたつもりでも、労働時間としての捉え方を間違えると労働基準監督署の是正指導対象となり、未払い残業代を支給するように是正指導がなされる場合があります。

　以下の４点のように、労働時間とされるもの・されないものがありますので、自社での取扱いに問題がないか確認をしてください。

①労働時間の判断を明確にする

　労働基準法での労働時間は、休憩時間を除いた時間で、現に労働させる時間＝実労働時間であるとしています。

　実労働時間には、現実に作業している時間だけでなく、作業と作業との間の待機時間（いわゆる手待時間）も含むとしています。手待時間は、上司や会社の指示があれば、すぐにでも作業に従事しなければならない時間であるとされているの対し、休憩時間は、上司や会社の指揮命令下になく（＝実労働から解放されている）社員が自由に利用できる時間であるとされています。

　以上の理解に基づいて、判例では、労働時間を「労働者が使用者の指揮命令下にある時間」と定義しています。

　この実労働時間について、出退勤時間から休憩時間を差し引いた時間（＝会社内にいたすべての時間）が該当するのかどうかが、実態により判断されることとなります。

　したがって、会社のルールとして、残業や休日出勤は社員が勝手に行うのではなく、所属長に申請し、承認された業務に従事した時間だけが実労働時間であると明確にしておく必要があります。

　IT関連企業では、出退勤時間の把握はしているものの、残業や休日出勤の扱いがほとんど事後申請ですべての勤務時間を認めざるを得ないということがあります。時間管理を本人に任せきりにせず、プロジェクトリーダーが厳しい態度で臨み、残業や休日出勤は事前に申請させるような就業ルール作りをしていかなければなりません。

　また、勤務時間のうち、どこまでが業務に関連することで、どこまでが自主

的な勉強なのかを明確にしにくい面があります。事業所内にいる以上は、会社が拘束しているものと捉え、全勤務時間に対して給与を支払わなくてはならないという法的な根拠があります。一方で、業務には直接関係のないノウハウやスキルアップのために会社内で調査や疑似開発を行っているものについては、どのように扱うかなども課題のひとつとなってきます。

②作業準備や後始末時間

業務開始前に行う準備や業務終了後の後始末にかかる時間は、上司や会社が暗黙のまま行わせている場合には労働時間と判断されます。

③出張中の移動時間

休日に出発する出張は、移動中に運搬物の監視が必要となる場合などを除いて休日労働に該当しません。ただし、出張にあたっての直行・直帰での移動時間が長時間になるようであれば、移動距離等に応じて多少の手当を支給するという措置を講じるのもよいでしょう。

IT関連企業の出張では、短期での一定期間（1週間〜1か月程度）、委託元の現場に出向いて作業を行うことがあります。この時の日当や宿泊費が委託元から支給されることも多いため、委託先から経費を支給された際には、自社の出張旅費規程などで定められている手当額と比較して差額を支給するなどのルールを取り決めておく必要があります。

④仮眠時間や待機時間

宿直中の仮眠時間は万が一の時に直ちに業務に就く必要があるため労働時間とされます。

IT関連企業で特に課題となるのは、会社外での待機時間をどう扱うかという点です。具体的には、会社より支給された緊急連絡用の携帯電話は常に電源をオンの状態にし、緊急の連絡が入った際には、対応を必要とされる場合などがあります。

このような場合には、会社から緊急連絡用の携帯電話を支給され、休日に自宅等で待機している時間は、完全に実労働から解放されているとはいえないま

173

第4章　ルーズな労務環境の整え方

でも、拘束性が低いため待機時間とはしないものとされています。

　最近では、タブレットなどの携帯端末が配布され、いつでもどこでも24時間業務を行うことができるようになりました。これらを使用しての業務についても労働時間となる可能性がありますので、使用にあたってのルールを設け、労働時間管理を行っていく必要があります。この点については、法律上の定めが就業の実態に追いついていませんので、個別の状況に応じた判断がされることになります。

第6節 時間外・休日出勤

●時間外労働・休日労働とは

　満18歳未満の年少者や妊産婦を除き、法定労働時間を超えて労働させる場合、または、法定の休日に労働させる場合には、あらかじめ労使で書面による協定を締結し、これを労働基準監督署に届け出ることが必要です。この協定を、労働基準法第36条に規定されていることから、通称「**３６（サブロク）協定**」といいます。

　36協定の届出をすることにより、時間外労働や休日労働の扱いが適法となります。また、労働時間の延長を適正なものとするため、労働基準法では「時間外労働の限度に関する基準」が規定されています（図20参照）。

《図20》時間外労働の限度時間

期間	限度時間	
	原則	単位の変形労働時間制（期間3か月超）の対象労働者
1週間	15時間	14
2週間	27	25
4週間	43	40
1か月	45	42
2か月	81	75
3か月	120	110
1　年	360	320

　これまで、36協定で定める時間外労働については、労働基準法第36条第1項の協定で定める労働時間の延長の限度等に関する基準という厚生労働大臣の告示によって、上記の上限の基準が定められていましたが、臨時的に限度時間を超えて時間外労働を行わなければならない特別の事情が予想される場合には、

第4章 ルーズな労務環境の整え方

特別条項付きの36協定を締結すれば、限度時間を超える時間まで時間外労働を行わせることが可能でした。

2018年の改正によって、罰則付きの上限が法律に定められ、さらに、臨時的な特別な事情がある場合にも上回ることのできない上限が設けられています（大企業は2019年4月より、中小企業は2020年4月より適用）。

時間外労働の上限は原則として月45時間・年360時間となり、臨時的な特別の事情がなければこれを超えることができません。臨時的な特別の事情があって労使が合意する場合（特別条項）でも、以下の条件を守らなければなりません。

- 時間外労働が年720時間以内
- 時間外労働と休日労働の合計が月100時間未満
- 時間外労働と休日労働の合計については、2か月〜6か月平均のいずれも1月当たり80時間以内
- 時間外労働が月45時間を超えることができるのは、年6か月が限度

《図21》時間外労働の上限規則

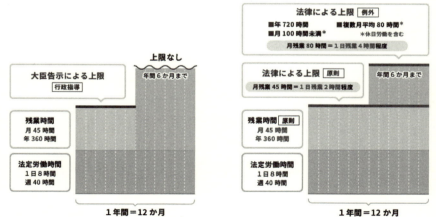

出典：厚生労働省ホームページ（http://www.mhlw.go.jp/hatarakikata/overtime.html）

つまり特別条項の有無に関わらず、1年を通して、常に時間外労働と休日労働の合計は、月100時間未満、2～6か月平均80時間以内にしなければなりません。例えば時間外労働が45時間以内に収まっていて特別条項に該当しない場合であっても、時間外労働＝44時間、休日労働＝56時間、のように、合計の労働時間が月100時間以上になると法律違反となります。

これらに違反した場合には、罰則（6か月以下の懲役または30万円以下の罰金）が科されるおそれがあります。

臨時的な特別の事情の例

特別条項は、通常想定することのできない業務量の大幅な増加等により、臨時的に限度時間を超えて労働させる必要がある場合をできる限り具体的に定めなければなりません。「業務の都合上必要な場合」「業務上やむを得ない場合」など、特に事由を限定しないものは、恒常的な長時間労働を招くおそれがあるとして認められません。

・**突発的な障害対応、仕様変更**
・**新システムの導入に伴う一時的な業務量の増加**
・**突発的なクレーム、障害への対応、急を要する書類作成事務**

特別条項付き36協定には、限度時間を超えて労働させなければならない特別の事情などを具体的に示す必要があります。

IT関連企業で特別条項付き36協定を活用するケースとしては、プロジェクトの進捗度合いによって、納期がひっ迫し、一時的に限度時間を超えて労働させなければならない事情が発生することがあります。このような事情を勘案し、特別条項を利用した36協定を定めます。

36協定の協定書と協定届を作成する場合、それぞれの延長時間数を算出し、各々2部作成し、所轄の労働基準監督署に届け出ます。労働基準監督署では内容の確認後、1部を署内保管用として受理し、もう1部は受理印を押印し、返却しますので、これを会社で保管します。

179ページから、実際の協定書と協定届のサンプルを掲載しました。参考に

第4章　ルーズな労務環境の整え方

してください。

●時間外勤務・休日出勤に関する６つのポイント

　前述のように、労働基準法第36条に定める時間外労働及び休日労働に関する協定書を締結し、協定届（＝36協定）を労働基準監督署に届出をしなければ、時間外勤務も休日出勤もすべて違法となります。

　この協定届の内容を検討する際には、労働者に過剰な負担がかからないよう、以下の点に留意し、日頃から適正な業務量を把握しておく必要があります。

　特に過重労働が問題となる業界ですので、時間外労働については十分に協議し、過重労働が恒常的にならないように配慮することが求められます。具体的には次の６点が挙げられます。

①月間80時間を超える時間外労働はさせない（基本は45時間以内）

　2018年の法改正では、時間外・休日労働時間が月間80時間を超えた労働者本人に対して、速やかに、超えた時間に関する情報の通知を求めています。これは、疲労の蓄積が認められる労働者の面接指導の申出を促すためのものであり、労働時間に関する情報のほか、面接指導の実施方法・時期等の案内を併せて行うようにとされています。この通知は、高度プロフェッショナル制度の対象労働者を除き、管理監督者、事業場外労働のみなし労働時間制の適用者を含めたすべての労働者に適用されます。また、時間外・休日労働時間が月間80時間を超えて疲労の蓄積が認められる労働者や健康上の不安がある労働者、事業場で定めた基準に該当する労働者についても、面接指導など、必要な措置の対象とするように配慮することが必要とされます。このように、長時間労働者ではなくても、時間外・休日労働時間が月間45時間を超える労働者がいる場合には、労働者の健康確保の観点から必要な措置を行うことが望まれます。

②週１日の休日を確保する

　納期が迫っている時や業務が集中している時は、休日返上で業務を行うこともしばしば見られますが、休みなく働く状況が続くと、体調を崩すケースが増えてくるのも事実です。業務が多忙な時であっても、少なくとも１週間に１度

第6節　時間外・休日出勤

《図22》時間外・休日労働に関する協定（36協定）における特別条項付き協定例

特別条項に関する協定書

　株式会社○○○○(以下「会社」という)は、会社の時間外労働について下記の通りとする旨、従業員の過半数を代表する者らと協議、合意し、ここに協定を締結する。

記

1　時間外労働の限度時間は、原則として1か月45時間、1年360時間とする。

　　ただし、通常の生産量を大幅に超える受注が集中し、特に納期がひっ迫したときは、労使協議のうえ、6回を限度として1か月80時間まで延長することができる。

2　時間外労働に対する割増賃金率は、次の区分に従いそれぞれ適用する。
　　　（1）1か月45時間までの時間　　　…　　25%
　　　（2）1か月45時間超～60時間以下　…　　30%
　　　（3）1か月60時間を超える時間　　…　　50%

3　会社は前項までの合意にかかわらず、時間外労働を極力抑制し、安息時間の確保に留意するとともに、作業進捗状況に応じて担当者の健康状態を把握し、必要な場合には迅速かつ適切に対処する。

4　本協定の有効期間は、令和○年○月○日から1年間とする。

　　令和○年○月○日

　　　　　　　　　　　　　　　　　　　　株式会社○○○○
　　　　　　　　　　　　　　　　　　　　代表取締役社長　△△　△△㊞

　　　　　　　　　　　　　　　　　　　　株式会社○○○○
　　　　　　　　　　　　　　　　　　　　従業員代表　　　□□　□□㊞

　＊この協定例では、1か月の時間外労働が45時間超60時間以下の部分の割増賃金率を30％としていますが、これは25％でもよく、努力義務の範囲内です。

第4章　ルーズな労務環境の整え方

《図23》代替休暇に関する労使協定例

代替休暇に関する協定書

　株式会社○○○○（以下「会社」）と○○○○労働組合（以下「組合」）とは、就業規則第○条の代替休暇について下記の通り協定する。

記

1　（取得対象者）
　代替休暇の取得対象者は、給与計算期間（前月16日～当月15日）の1か月において60時間を超える時間外労働を行った者とする。

2　（代替休暇の時間数の算定方法）
　代替休暇として取得可能時間数の算定は以下による。

> 取得可能時間数＝（1か月の時間外労働時間数－0）×0.25

3　（代替休暇の単位）
　代替休暇の取得単位は、1日（8時間）または半日（4時間）とする。
　この場合の半日とは、午前（8：00～12：00）又は午後（13：00～17：00）である。
　　※上式による算定の結果、代替休暇取得可能時間数が4時間未満の者は代替休暇取得の対象者にはならないものである。

4　（代替休暇を取得可能な期間）
　代替休暇を取得することができる期間は、1か月60時間を超える時間外労働を行った翌月、翌々月の2か月間とする。

5　（代替休暇を取得日の決定方法）
　会社は、給与計算期間の末日（当月15日）から3日以内に、代替休暇の取得可能対象者に対して通知を行い、通知された者は、その後3日以内に特定の日を指定し、代替休暇を取得する旨を所定様式により届出ることする。
　なお、届出なき者については代替休暇取得の意向なきものとみなす。

6　（割増賃金の支払）
　会社は、代替休暇取得の意向があった労働者に対しては、支払うべき割増賃金額のうち代替休暇に代替される賃金額を除いた部分を、通常の賃金支払い日に支給する。また、代替休暇を取得しなかった労働者に対しては、通常の割増賃金を支払うこととする。

7　本協定の有効期間は、令和○年○月○日から1年間とする。

　　令和○年○月○日

株式会社○○○○
代表取締役　△△　△△㊞

○○労働組合
執行委員会長　□□　□□㊞

第6節　時間外・休日出勤

《図24》労基_様式09号_36協定

時間外労働の特別割増賃金への代替休暇制度に関する労使協定書

　株式会社○○○○（以下、「会社」という。）と従業員の過半数を代表する□□□□（以下、「従業員代表」という。）とは、時間外労働の特別割増賃金への代替休暇（以下、「代替休暇」という。）について、労働基準法第37条第2項に基づき、次の通り協定する。

第1条　（代替休暇付与の要件）
1．会社は、令和●年●月●日付時間外労働および休日労働に関する労使協定書、第5条の特別条項に基づき時間外労働した時間が同第6条第2号にあたり、50%の特別割増賃金の請求権を取得した場合、当該労働者（以下、「特別割増対象労働者」という。）は、同休暇を取得するものとする。
2．前項に関わらず、●●部門については、本協定による代替休暇を取得させないものとする。
3．前項の代替休暇が付与された場合、特別割増対象労働者は、当該特別割増分の賃金を請求する権利を喪失する。

第2条　（代替休暇付与期間）
1．会社は、特別割増対象労働者に対して、前条に該当する代替休暇を前条の要件を充足する時間外労働の発生した月の末日より2か月以内に付与するものとする。
2．前項の付与期間内に代替休暇が付与されなかった場合、当該特別割増対象労働者は、前条第3項に関わらず、当該特別割増賃金の請求する権利を行使できるものとする。

第3条　（代替休暇の付与単位）
　会社は、特別割増対象労働者に対して、前条の期間内に、原則として半日単位で休暇を取得させるものとする。
　　① 月60時間を超え76時間に及んだ場合：半日
　　② 月60時間を超え92時間に及んだ場合：1日
　　③ 前号の時間を超える時間外労働がなされた場合には、16時間ごとに半日ずつを加算する。
　　④ 代替休暇以外の通常の労働時間の賃金が支払われる休暇とあわせて半日

第4条　（代替休暇取得の効果）
　本協定により、代替休暇を取得した特別割増対象労働者は、当該休暇取得単位期間につき通常勤務したものとみなす。

第5条　（代替休暇の時季変更等）
　会社は、第1条により時季を変更した代替休暇につき、業務の必要がある場合、●日前の予告をもって、第2条の期間内で、第3条の半日単位で、他の時季に代替休暇を変更することができ、当該労働者は、当該変更された時季に代償休暇を取得するものとする。

第6条　（代替休暇の取り消し）
　会社は、第1条により時季を指定した代替休暇につき、業務の必要が生じ、第2条の期間内で代替休暇を取得させることが困難となった場合、当該労働者の当該時間外手当の支払期間内の内●日前の予告をもって、代替休暇を取り消し、第1条第1項の特別割増賃金の支払いに変更することができるものとする。

第7条　（有効期間）
　この協定の有効期間は、令和　年　月　日より令和　年　月　日までの1年間とする。ただし、有効期間満了の1カ月前までに、協定当事者のいずれかからも異議がない場合は、同一内容にて本協定はさらに1年間更新するものとし、以降も同様とする。

　　　令和　年　月　日

　　　　　　　　　　　　　　　　　　　　　　　株式会社○○○○
　　　　　　　　　　　　　　　　　　　　　　　代表取締役　△△　△△（印）

　　　　　　　　　　　　　　　　　　　　　　　株式会社○○○○
　　　　　　　　　　　　　　　　　　　　　　　従業員代表　□□　□□（印）

《図25》36（サブロク）協定＿時間外・休日労働

様式第9号の2（第16条第1項関係）

時間外労働／休日労働 に関する協定届

労働保険番号	
法人番号	
事業の種類	ソフトウェア開発
事業の名称	株式会社□□□
事業の所在地（電話番号）	（〒○○-○○○○）東京都千代田区○-○-○（電話番号：03-9999-9999）
協定の有効期間	2019年04月01日から1年間

時間外労働

	時間外労働をさせる必要のある具体的事由	業務の種類	労働者数（満18歳以上の者）	所定労働時間（1日）（任意）	延長することができる時間数（1日）	1箇月（①については45時間まで、②については42時間まで）	1年（①については360時間まで、②については320時間まで）起算日2019年04月01日
					法定労働時間を超える時間数 / 所定労働時間を超える時間数	法定労働時間を超える時間数 / 所定労働時間を超える時間数	法定労働時間を超える時間数 / 所定労働時間を超える時間数
① 下記②に該当しない労働者	臨時の受注、納期変更による業務量の増大	開発	118	8時間	15時間 / -	45時間 / -	360時間 / -
	月次及び年次決算の事務	人事・総務	2	8時間	6時間 / -	45時間 / -	360時間 / -
	月中・月初の事務、急な顧客対応、納期の遅過	営業	3	8時間	6時間 / -	45時間 / -	360時間 / -
② 1年単位の変形労働時間制により労働する労働者							

休日労働

休日労働をさせる必要のある具体的事由	業務の種類	労働者数（満18歳以上の者）	所定休日（任意）	労働させることができる法定休日の日数	労働させることができる法定休日における始業及び終業の時刻
臨時の受注・納期変更	プログラマー	118	土・日・祝	1か月に4日	0:00〜24:00
月中・月初の事務	管理本部	2	土・日・祝	1か月に2日	8:00〜22:00
月中・月初の事務、顧客都合	営業	3	土・日・祝	1か月に2日	8:00〜22:00

上記で定める時間数にかかわらず、時間外労働及び休日労働を合算した時間数は、1箇月について100時間未満でなければならず、かつ2箇月から6箇月までを平均して80時間を超過しないこと。　☑（チェックボックスに要チェック）

様式第9号の2(第16条第1項関係)

時間外労働
休日労働 に関する協定届(特別条項)

臨時的に限度時間を超えて労働させることができる場合	業務の種類	労働者数(満18歳以上の者)	1日(任意)		1箇月(時間外労働及び休日労働を合算した時間数。100時間未満に限る。)				1年(時間外労働のみの時間数。720時間以内に限る。)起算日(年月日)		
			延長することができる時間数		限度時間を超えて労働させることができる回数(6回以内に限る。)	延長することができる時間数及び休日労働の時間数		限度時間を超えた労働に係る割増賃金率	延長することができる時間数		限度時間を超えた労働に係る割増賃金率
			法定労働時間を超える時間数	所定労働時間を超える時間数(任意)		法定労働時間を超える時間数と休日労働を合算した時間数(任意)	所定労働時間を超える時間数と休日労働を合算した時間数(任意)		法定労働時間を超える時間数	所定労働時間を超える時間数(任意)	
突発的な障害対応、仕様変更、新システムの導入	プログラマー	118	6時間	-	6回	80時間	-	25%	720時間	-	25%
突発的なクレームへの対応、急を要する書類作成事務	管理本部	2	3時間	-	4回	40時間	-	25%	500時間	-	25%
突発的なクレーム、障害への対応、急を要する業務作成事務	営業	3	3時間	-	4回	40時間	-	25%	500時間	-	25%

限度時間を超えて労働させる場合における手続	労働者代表に対する事前申入れ
限度時間を超えて労働させる労働者に対する健康及び福祉を確保するための措置	(該当する番号)① (具体的内容)対象労働者への産業医による面接指導の実施

上記で定める時間数にかかわらず、時間外労働及び休日労働を合算した時間数は、1箇月について100時間未満でなければならず、かつ2箇月から6箇月までを平均して80時間を超過しないこと。☑(チェックボックスに要チェック)

協定の成立年月日　　　　年　　　月　　　日

協定の当事者である労働組合(事業場の労働者の過半数で組織する労働組合)の名称又は労働者の過半数を代表する者の　職名　ソリューション部　氏名　○○　○○

協定の当事者(労働者の過半数を代表する者の場合)の選出方法(　投票による選挙　)

　　　年　　　月　　　日

使用者　職名　代表取締役社長　氏名　△△　△△　㊞

中央　　　　労働基準監督署長殿

第4章　ルーズな労務環境の整え方

は休日を確保するようにしましょう。

③深夜業務をできるだけ制限する

　エンジニアやディレクター、プログラマーには、日中は業務に集中できず、夕方から俄然やる気スイッチが入り、仕事を始める傾向があります。結果として朝方まで仕事をし、また翌日も夕方から仕事に就くという労働実態をよく見かけます。

　深夜勤務が恒常的に続く状況はメンタル不全も発症しやすいとされていますので、一定時間になった場合、時帰宅するよう促すなど、深夜勤務をできるだけ制限するように指導をします。

④無理な納期での受注をしない

　プロジェクトが開始された時点では納期にも余裕があったものの、仕様変更や追加仕様などにより納期がひっ迫してくることがあります。

　受注額など売上げとの兼ね合いもあるかもしれませんが、最終的に担当するエンジニアに多くの負荷がかかり納期に遅れてしまっては元も子もありません。

　はじめから無理なスケジュールでの受注をせずに、発注元と十分に検討した上で納期を決定していくべきだといえます。

⑤各人のキャリアやパフォーマンスを考慮した業務量を設定する

　できるエンジニアにばかり仕事が割り振られ、仕事に忙殺されるうちにパフォーマンスが落ちていき、最後にはメンタル不全を引き起こして業務に就くこともできなくなってしまうといった事態は防止しなければなりません。

　各自の持っているスキルやパフォーマンスをよく勘案した上で業務を配分し、一極集中を避けるようにします。

　また、プロジェクト内での人間関係から、ハラスメントのような状況に陥り、特定のエンジニアに業務をさせない・与えないというケースもあります。この特定のエンジニアに対して嫌がらせのように業務を与えないというのは、業務量の配分という点から見れば偏りがある状況となりますので、マネージャーは、プロジェクト内の状況を適度に把握しながら業務配分を行う必要があります。

第6節　時間外・休日出勤

⑥帰りにくい雰囲気を排除する

　これは業種・職種に限らずいえることですが、仕事が終わっても残業をしている人がいると、どうにも先に帰りにくい空気の職場があります。管理者が率先して、仕事が終わっている者から退社させるように指示をし、帰りにくい雰囲気を排除するようにします。

　また、法定休日の設定についても、必ずしも「日曜日」を法定休日にする必要はなく、自社の業務量と休日出勤の多少から、例えば日曜日の出勤が多いようであれば、土曜日を法定休日とし、法定休日労働を減少させることなどについて検討してみてもよいでしょう。

●「この仕事、今日中に終えて」の解釈

　いつもプログラム開発の進捗に遅れが出がちのGさんですが、午後3時過ぎに上司から「今日中に終わらせるように」と頼まれた仕事が勤務時間内に終わりそうにありません。上司が指示した「今日中に」というのは勤務時間内を指していると考えると、この分の残業手当はどのように扱うべきでしょうか。

　この場合、勤務時間内に仕事が終わらないのは、Gさんの責任だから残業扱いにはしないということが法的に認められるかどうかという判断が必要になります。

　上司は正式には残業命令をしていませんが、Gさんが今日中に終えられない仕事を指示したという点については「黙示的に残業命令をした」と判断される可能性が高いと見られます。

　黙示的に残業命令をしたとなれば、たとえGさんの仕事が遅いとしても、会社の指揮命令下にあることになりますので、労働基準法にある通り、1日の労働時間が8時間を超えたら25％以上の割増賃金を支払わなければならず、これを支払わなければ、違法な「サービス残業」となりかねません。

　業務上必要であれば、残業は法的にも認められるものです。社員が勝手に残業をしたとしても、これを黙示したままにせず、必ず上司の指示・承認の下で残業を行うように就業ルールを徹底することが、会社側のリスクを軽減することにもつながります。

185

第7節
未払い残業代請求への労働トラブルと対処

◉トラブルが起きる前に、就業ルールを見直す

　一時期、弁護士・司法書士業界が競って仕事を取りに行った「過払い金請求ブーム」ですが、このブームがいったん去った今、次に注目したのが「未払い残業代請求」だといわれています。

　もちろん、支払うべき残業代はきちんと支払わなければなりませんが、サービス残業であったり、知らずに支払っていなかったりと、適正に支払われていないケースも残念ながら多く見られるのが現実です。

　逆に、しっかり残業代を支払っているつもりでも、ちょっとした「知らなかったでは済まされない知識の隙間」を突いて、多額の未払い残業代請求訴訟を起こされてしまうというリスクがあるのも現実です。

　では不十分な労務管理による労働トラブルや、突然の未払い残業代請求に対応するにはどのようにしておくべきなのでしょうか。押さえておくべきポイントは**「就業規則の整備」「就業規則の日々運用」**の２点です。

①就業規則の整備

　まずは自社の実態を十分に認識した上で、会社のルールブックである就業規則の整備を定期的に行うようにします。自社の実態を把握することにより、単に就業規則の整備で済むのか、労務管理全体の見直しや、社員の意識改革まで必要なのかが見えてきます。また、解決しなければならない課題とそれにかかるコストが明確になります。

　さらに、法改正に対しても適宜対応をしておく必要があります。これを怠ると、自社のルールよりも法律が優先される状況に、知らないうちになってしまう可能性があります。

　就業規則は、法律上必ず記載が必要な事項以外は、原則何を定めても自由ですから、法律に違反していなければ「こういう働き方をして欲しい」「こういうことはやってもらっては困る」など、自社で働く上でのルールを明確にして

おくべきものといえます。

②就業規則の日々運用

就業規則や書式が整備されれば済むわけではなく、その一方では、日々の運用が大切です。就業規則というルールを徹底するためには、運用を徹底することが大事になります。この2つがうまく機能しないと、労務管理は決してうまくいきません。

「就業規則では、時間外勤務の際には上司の指示・承認が必要と定められているにも関わらず、実際に残業や休日出勤をする際には、上司の指示や承認もなく勝手に居残りをして仕事をしている」「休日も自分の都合で勝手に会社に出てきて仕事をしている」という状況では、結果として会社は暗黙のうちに時間外労働や休日労働を認めていることになってしまいます。

「うちは自由に働いてもらっているので、遅くまで残業しようが、休みの日に出社して仕事をしようが関係ない」といっている企業に限って、いざ行政から是正指導をされたり、社員から訴えられたりすると、会社は一切残業等を認めていないと主張します。

退職するまではまったく想像がつかないくらい普通に業務をこなしていて、いざ退職すると、翌日に未払い残業代を請求してくる従業員が増えているのが現実です。足元をすくわれないように日頃から労務管理ルールを徹底し、何事にも動じない就業環境を作るべきといえます。

●自社にマッチした採用は、リスク回避の一番の策

労働トラブルにならないためには、いかに自社にマッチした社員を採用するかが大事になります。100％労働トラブルが発生しないとまではいえませんが、後々トラブルを起こしそうな人材を入社させないという意味では、入口である「採用」はリスク回避の一番の策といえます。

では、採用時にはどのような点に注意をしておくべきでしょうか。次に主な3つの注意点をご紹介します。

第4章　ルーズな労務環境の整え方

①使用者側には「自由採用の権利」がある

　労働者保護の視点で制定されている労働各法は、会社を守ってくれることはなく、我が身は自分で守るしかありません。

　ではどうやって守ればよいのでしょうか。法律では、企業＝使用者に「自由採用の権利」を与えていますから、採用という入口で、自社に合わない人材にはご遠慮いただくのが、リスク回避の一番の策といえます。

　しかし、一方で、公正な採用選考を行うためには、応募者の基本的人権を尊重し、応募者の適性・能力のみを基準として行うことを基本的な考え方として実施することが大切であるとされています。

　社会的差別の原因となるおそれのある個人情報などの収集は原則として認められず、就職差別につながる行為は行ってはならないとされます。つまり、家族状況や生活環境といった応募者の適性・能力とは関係ない事柄で採否を決定することは認められないということです。

　実際に企業が採用選考時点でリスク回避をする策としては、履歴書・職務経歴書・卒業証明書の他に、応募者本人の同意を得た上で、健康状態や反社会的勢力への非所属などを確認することなどが挙げられます。

　例えば、業種・職種によってはタトゥなどを禁止とすることもあります。

　喫煙者も、採用しないという企業もあります。これは、喫煙習慣のある従業員が頻繁に休憩を取ることで作業効率が低下し、非喫煙の従業員との間での不公平感があるなどといった理由によるものです。

　裁判所も、企業に経済活動の自由（憲法第22条・第29条）が認められていることを根拠に、広く採用の自由を認めています[6]。

　採用拒否について不当な目的があったり、採用拒否の状況が社会的に許され

---

[6]【三菱樹脂事件（最大判S48.12.12）】

　原告は、三菱樹脂株式会社に試用期間3か月の条件付きで採用されました。しかし、原告は在学中に学生運動等の活動をしていたことを、採用試験や面接において隠していました。そのことを理由に、試用期間終了直前、会社から本採用を拒否すると通知されました。

　これに対して原告は、被雇用者としての地位の確認と、賃金支払いを求めました。

　東京高裁は、「憲法19条の保障する思想・信条の自由は、私人間であっても、一方が他方に優越する地位にある場合には、みだりに侵されてはならない」とし、さらに、採用試験に際して、思想・信条に関係する事項の申告を求めるのは公序良俗に反するとしました。その後、訴訟上の和解が成立。Xは職場に復帰し、和解金1,500万円が支払われました。

る限度を超えない限りは、合法であると考えられます。

②新卒採用と中途採用ではリスクが異なる

採用という入口でリスク回避を図ると書きましたが、新卒採用と中途採用ではメリット・デメリットも異なるため、リスクも当然に異なってきます。

新卒採用は、毎年4月に定期的に人材を確保するという目的で行われますから、均一的な年齢の人材を同時期にまとめて雇い入れるという特徴があります。また、特定の企業カラーに染まっていない新卒は、自社の風土になじみやすく、伝えていきたい企業文化継承の担い手となってくれます。

毎年、新卒社員が入社してくることで、組織全体がリフレッシュし、既存社員は、新入社員に教えることで経験を言語化し、自らも成長できるというステージがあります。「同期」という横のつながりを持つ新卒者は、縦割りの組織に横糸を通すことができる面もあり、部門間の連携などで重要な役割を果たす可能性があります。

一方で新卒採用は、企業にとって大きな「先行投資」でもあります。新卒社員には就業経験がなく、入社後しばらくは戦力になりません。しかも、教育研修期間中は純粋なコストとなります。このコストには新卒者にかかる経費の他に、OJTも含めて教育を担当する社員の人件費や時間も含めなければなりません。つまり、新卒採用は先行投資の負担を吸収できる体力を持った企業だけが行うことのできる採用方法といえます。そのため、中途採用が小規模企業や設立されたばかりのベンチャー企業などを中心に行われるのに対して、新卒採用は、一定程度の規模があり、また組織的にも確立された企業を中心に行われるのが一般的です。

中途採用は、一言でいえば新卒採用以外の採用選考になります。

採用目的も多種に渡り、雇用形態も正社員の他に有期雇用の契約社員やパート・アルバイトなど様々あります。一番多いのは、即戦力としてのキャリア採用であり、他には新卒採用に近い育成型の中途採用である第二新卒、経験重視型の採用であるシニア採用、ダイバーシティ（多様性）実現のための採用である障害者雇用などがあります。

採用コストも発生ベースになりますので新卒採用ほどはかからず、比較的安

第4章　ルーズな労務環境の整え方

価で採用選考を行うことができます。

　中途採用の一番のメリットは、自社にない知識・ノウハウ・人脈などを持っている人材を導入でき、経営にも機動的に対応できる点です。即戦力という意味でも中途採用を積極的に活用している企業は多くあります。

　その一方で、新卒採用のように自社の風土に染まりやすいというものではなく、むしろ今まで培ってきた経験や価値観が基本にあるため、自社の社風に合わないと、せっかく採用したにも関わらず早い段階で退職してしまうというデメリットもあります。

③採用選考時に病歴を確認することの可否

　採用面接時に、応募者の既往歴をどこまで質問することができるのでしょうか。

　採用面接時に、どの程度まで応募者の個人情報を確認できるかについて、職業安定法は、応募者の個人情報を収集・保管・使用する場合、本人の同意がある場合やその他正当な事由がある場合を除いて「業務の目的の達成に必要な範囲内」で収集・保管・使用しなければならないと定めています。

　この「業務の目的の達成に必要な範囲内」という点があまり明確でないため、適切に対処するための指針として行政から以下のように告示がされています（平成11（1999）年労働省告示第141号）。

【収集してはならない個人情報】

人種、民族、社会的身分、門地、本籍、出生地、思想及び信条、労働組合への加入状況、その他社会的差別の原因となるおそれのある事項。

ただし、特別な職業上の必要性があり、上記の個人情報を収集することが必要不可欠なため事前に収集目的を本人に提示してから収集する場合を除く。

　つまり、事前に個人情報を確認するとの提示をし、本人の同意等がない限りは、仕事を行うにあたり必要な範囲を超えた個人情報の収集等は行ってはならず、また差別の意図が少しでもあるような質問等は行わないというのが実情といえます。

では、採用面接時に応募者の既往歴を質問することは直ちに違法となるのでしょうか。

既往歴は重大な個人情報のひとつですが、「健康である」ということは採用する際の基本的な条件であり、また重要な条件のひとつであるといえます。

優秀な社員であっても、心身ともに健康でなければ、その能力を十分発揮し、成果を上げることはできません。

したがって、採用時の基本的な条件である既往歴の申告や選考のための健康診断は、必要最低限の範囲で実施すべきものといえます。

例えば、Webデザインといった業務の特殊性から、必ず確認しなければいけない症状（色覚に異常があるかなど）であれば、本人からの申告を求め面接時にも確認する必要がありますが、直接業務に関わりがない既往歴まで強制的に申告をさせたり、確認することは慎重に行うべきでしょう。

前述の告示にも、取得できない情報として病歴は含まれておらず、身体的疾患や「うつ病」など精神疾患の既往症の情報も収集することができるともいえます。

ただし応募者の人格やプライバシーの侵害となるようなものは許されていません。本人の同意を得ずに検査を実施したHIV、Ｂ・Ｃ型肝炎、色覚検査などは不法行為となりますので、十分に注意が必要です。

●「ダラダラ残業」を行う社員　２つのパターン

本来であれば定時内に終わるはずの作業を夜遅くまで行っていたり、残業時間を意識せずに自分のペースでダラダラと作業を行うような社員は、どこの会社にも１人や２人はいるものです。こういった社員は人件費がかかるだけでなく、他の社員への影響も大きかったりしますので、１人でも少なくするような努力をしなければいけません。

「ダラダラ社員」は、大きく分けて「**会社にいつまでも残りたがる社員**」「**能率が悪い社員**」の２つに分類できます。

①会社にいつまでも残りたがる社員

「毎月決まった時間の残業が発生する」「所定の労働時間中ダラダラと仕事を

して、仕事を残し、わざと残業をしている」などの「ダラダラ残業」により、経営に悪影響を及ぼしていく可能性も否めません。「ダラダラ残業」をそのままにしておくと、残業代が増え、人件費が高額になるほか、効率的に仕事を行った真面目な社員よりも、ダラダラ残業をしている社員のほうが高い給料となってしまい、真面目な社員のモチベーションがダウンしてしまいかねません。

　また、ダラダラとした残業であっても長時間労働には変わりありませんので、過重労働の問題や健康診断の追加実施など、安全配慮面でのリスクや負担が増えることになります。

　IT業界、特にゲーム開発やWebデザインなどの受託開発の場合は、前述の夜型社員が多く、本人たちの自由裁量に任せた働き方を認めているなどの事情で、ダラダラ残業が生じやすいともいえます。これ以外にも、「会社にいたほうがインフラも整備されている」「おやつも飲み物もある」（これらを常備しているところが意外に多い）などのように、自宅よりも環境がいいので会社に残っているという社員がいます。

　一度このような社風になってしまうと、なかなか元には戻りません。まずは上司・管理職の意識を変えることから始める必要があります。

　一番やってはいけないことは、残業などの居残りを放任することです。残業の届出をさせている会社は多いのですが、例えば届出をしていても上司はただ単に承認しているだけで、残業の必要性や残業内容までは確認しないという会社もあるのではないでしょうか。これでは、放任状態と同じです。

　こうなれば社員はやりたい放題になってしまい、歯止めが利かなくなります。このような放任状態になってしまった職場にメスを入れようとすると、現場の上司・管理職だけではなく、人事責任者や経営者も加わり、かなりの覚悟をもって、本格的な手段を講じていく必要があります。

　「業務量と人員配置は適正か」「管理者に求めるべきものは明確か」「管理職と会社のベクトルは合っているか」「管理職の業務が過大ではないか」「管理職と人事責任者との情報交換は行われているか」そして「会社や職場のルールがしっかり運用されているか」など、会社全体としての対策を取るべきでしょう。

②能率が悪い社員

　社員の中には、能率の上がらない社員、仕事で成果を出せない社員、仕事の覚えが悪い社員、覇気がなく仕事に対して真剣度が足りない社員などもいます。業界でいえば、そこそこのスキルはあるのにパフォーマンスが悪い、担当している業務の納期限に間に合わないのが分かっているにも関わらず悪気がない、いつまで経っても新しいスキルを身に付けてくれない、プロジェクト内で下位の立場に甘んじていても気にしない、といったところでしょう。

　「もっとやる気を出して欲しい」とつい言いたくなってしまいますが、その前に仕事の生産性が低いといった問題の原因が、本当にやる気のなさから生じているのかどうかを検討する必要があります。

　仕事の能率が悪い、成果が出ない、仕事の覚えが悪いといった問題の原因には、職場環境や情報の不備、業務プロセスなど、挙げれば数多くの仮説を立てることができ、この仮説を検証していくと、真の原因＝対処すべき課題＝解決策が明らかになってきます。

　例えば「仕事の能率が悪い」という問題の場合は、「仕事の取りかかりが遅い」「仕事を完了するスピードが遅い」「遅刻や早退、欠勤が多い」「会議で発言しない」「チームに協力しない」などの実際の態度や行動を問題の原因と考えるべきです。

　では実際のところ、能率が悪い社員には何をどのように改善してもらうべきなのかでしょう。

　まずは、能率が悪いと判断されることでの本人のデメリットを詳細に自覚してもらうことです。上司との面談などで終わらせるのではなく、紙に書き出し、潜在意識まで浸透させ、仕事の能率が上がる＝自分にとって都合良いものであると意識が変わるまで、何度も自覚を促すことです。手間をかけ、時間をかけ、自覚を促すようにしましょう。

●それでも労務トラブルが起きてしまったら？
３つのトラブル請求パターン

　残念ながら労働トラブルが起きてしまった場合、その被害は最小限に留めるべきであり、また最小限に留めるよう、できるだけ初期の段階から細心の注意

第4章　ルーズな労務環境の整え方

を払って対処していく必要があります。この時、労働トラブルの発生原因や状況によって、対処方法が異なります。次に、主な3つのパターンをご紹介します。

①在職中社員からの請求の場合

　「在職中は何事もなかったのに、退職後すぐに未払い残業代を請求してくる」などのケースが最近増えてきました。中には在職中から未払い残業代を請求してくるケースもあります。

　こういったトラブルは、在職中か退職後かで対応が異なってきます。

　在職中の場合、本人の地位も担保しながら請求事項に対応しなければいけませんので、周囲の社員への影響も考慮する必要があります。請求事案について、本人が周囲に話している場合は、周囲の社員からも同様の案件について請求される可能性もありますから、より慎重に扱わなければなりません。本人は在籍中であれば、タイムカードや日報、メールのログなどの証拠を収集することも容易に行うことができます。請求内容や状況（合同労組を通じて請求をしてくるなど）によっては、本人との交渉だけではなく、在籍社員の給与への影響も考慮し、賃金制度そのものの変更が必要になる可能性が出てきます。

②退職した社員からの請求の場合

　退職後の場合、「取るものは取ってやろう」という意識が強く、計算できる限りの請求をしてきます。会社側はいきなり内容証明が届くと、その内容におどろきあわててしまい、表面化しないうちにと請求に応じて支払ってしまうことがあります。

　一見これで解決するように見えますが、そうではありません。この場合も社内外にその噂は広がり、「我も我も」と追随してくる社員が現れ、1人の問題だけでは収まらなくなります。

　いずれの場合も、本当に請求通り全額支払う必要があるのかというと、必ずしもそうではありません。内容によっては残業代とはならない時間が含まれていることもありますので、請求してきた残業代の算定根拠とされる労働時間を慎重に確認する必要があります。

194

第7節　未払い残業代請求への労働トラブルと対処

「こんな請求は、ほっとけばいい！」と何ら対応しない経営者もいますが、この対応は場合によっては、労働基準監督署への申告・合同労組（ユニオン）への駆け込み・弁護士をつうじての提訴などにつながりかねません。

いずれにせよ、トラブルが発生した場合には、あわてずに慎重にことを運ぶべきでしょう。

③合同労組（ユニオン）からの請求の場合

在籍中の社員・退職した社員がユニオンに加入し、いきなり団体交渉の申入れがFAXで流れてきたらどうしたらよいでしょうか。多くの場合は、おどろいてあわててしまい、何をどうすればよいのか悩んでしまいます。

合同労組（ユニオン）は、労働者が個人で加入できる労働組合で、企業の枠を超えて組織される労働組合です。労働者が、解雇や賃金の不利益変更、配転などにより不満を持ち、その問題を解決するために加入します。

合同労組に対応するための基本スタンスとして、まずはやってはいけないことをやらないということが大切です。団体交渉の拒否は、不当労働行為とみなされますので、原則として、無視や拒否をすることはできません。

団体交渉では、労使間の慣行（ルール）が非常に重要視され、最初の団体交渉のやり方が、その後の団体交渉のルールになってしまいます。また、そのルールを変えるには合理的な理由が必要となります。

よく言われるのは、第1回目の団体交渉は社外の会議室を利用して行うようにするということです。社内の会議室で一度団体交渉を行うと、それが団体交渉の場所として労使間のルールになってしまう可能性があるからです。

合同労組は、団体交渉の日時、場所を指定して、早めに団体交渉を開催するように要求してきます。交渉相手である会社側が、まだ何が問題なのかよく分かっていない状態であったり、または労働法令に関する十分な知識がない状態で団体交渉を進めていこうとしますので、会社側も十分に準備して第1回目の団体交渉に臨む必要があります。

初回の団体交渉では、相手の主張を十分に聞くに留め、その場での回答を求められても即答を避けます。その後に、相手の主張に対する抗弁を検討し、次回以降の交渉につなげていくようにします。

195

第4章　ルーズな労務環境の整え方

◉IT関連企業に多い監督指導内容

　IT関連企業の場合、労働時間、割増賃金、休日の扱い、雇用契約内容などが適正かどうかを中心に調査されます。

　特に、時間外労働や休日勤務に対する給与支払が適正に行われているかをタイムカード等や賃金台帳について詳しく調査されます。同じプロジェクトや現場グループ単位内の社員で違いがないか、他の社員との取扱いに違いがないかを確認することが多いようです。

　労働時間が極端に多い場合は、健康診断の状況も確認されます。

　従業員数50名以上の会社では定期健康診断結果報告書の届出が義務付けられています。この健康診断結果報告書の内容によっては、調査対象社員の健康診断の受診状況だけでなく対象社員以外の健康診断実施状況なども確認します。逆に、健康診断結果報告書を先に確認した上で、特定の個人の時間外労働と給与支払をチェックする場合もありますので、健康診断の受診徹底と過重勤務になっていないかを常に把握しておく必要があります。

　プロジェクトマネージャーの扱いについては、労働基準法に定められている管理監督者に該当するのかどうかが指導対象となることもあります。この場合は、プロジェクトマネージャーとしての職務範囲と責任の度合い、給与額と担当業務内容とのバランスはどうか、時間外勤務分の支払いが給与に含まれているのかどうかについて確認されます。

　監督内容や監督指導の状況によっては、業務請負契約による就業が果たして適正かどうかを契約内容から確認されることもあります。業務委託契約であっても、労働時間の長短が報酬支払いの基本となっているものは、本来であれば雇用契約としなければならず、この点を指摘されるケースもあります。

　監督指導を受ける前に専門家と状況を確認し、予想される是正項目に対する対応策を検討しておくことが、労務リスクを回避するためには大切です。

弁護士による章末解説

IT業界
労務環境未整備対策の
法的対応　　弁護士　藤井　総

　労務環境が未整備の場合に、リスク（発生頻度や、発生した時の会社のダメージ）が一番高いのは、従業員から未払い残業代を請求されることです。中小のIT企業では、従業員に対して残業代を全額支払えていない会社も、少なくないでしょう。しかし今は、従業員の意識は変化し、残業代に関する情報がインターネットにあふれている時代です。ある日突然従業員から残業代を請求されるリスクが高まっています。そこで、そもそも残業代の問題が発生しないように、労務環境を整備しておく必要があります。

◉ 「年俸400万」を基本給扱いにしないために

　その対策として、年俸制を採用する会社もありますが、注意が必要です。本書で解説されている通り、年俸制で残業代を払わなくていいのは、**①所定残業時間分の固定残業代が年俸に含まれている**ことが明らかで（例えば、1日2時間・週10時間・月40時間・年480時間分の残業代が含まれていることが明示されている）、**②固定残業代が基本給と区別されていて**（例えば、年俸400万で、基本給は350万・残業手当は50万と区別されている）、**③実際の労働時間が所定残業時間内に収まっている**、という3つの要件を満たして、初めて残業代を払わないで済むのです。この要件を知らずに、単に「年俸400万」としか定めていないような会社も多いですが、それだと、その年俸額が基本給扱いで、別途残業代が発生するという、恐ろしい事態になります。また、①と②を定めていても、実際の残業時間が所定残業時間を上回れば、やはり残業代は発生します。

弁護士による章末解説

◉基本給＋残業代を従来の月額支給額と同じにする２つの方法

　他の対策として、専門業務型裁量労働制を採用する会社もありますが（システム開発業務を担当する従業員に、これを適用しているIT企業は多いです）、この制度は簡単には適用できません。というのは、システム開発業務を担当する従業員に対して、専門業務型裁量労働制が適用できるかどうか争われた事件で、その従業員が勤務する会社が下請けで、設計の一部しか受注していなくて、しかもかなりタイトなスケジュールが設定されていたことから、「業務遂行の裁量性が低い」として、裁量労働制が否定されたからです。多重下請け構造や分業化によって、エンジニアが裁量を持って業務を遂行できる場面が少ないのであれば、専門業務型裁量労働制を適用することは難しいです。

　というわけで、本書で解説されている、基本給プラス固定残業代の支払い（その合計額が、これまでの毎月の支給総額と一致するようにする）という制度に変更するのが、一番確実な方法になります。これならば、実際の残業時間が、所定残業時間内に収まる限りは、固定残業代以外に残業代は発生せず、これまで通りの毎月の支給総額で済みます。

　ただ、この制度変更にあたっては、基本給が引き下げられることになるので（本書150ページの例の場合は、基本給が300,000円から221,965円への引き下げになります）、「就業規則の不利益変更」として、従業員から同意を得る必要があります（従業員の同意のない就業規則の不利益変更は、労働契約法第9条で無効とされています）。

　同意を得るためのやり方は、理想論としては、会社の苦しい状況をきち

Chapter Commentary by Lawyer

んと説明して、納得してもらうことですが、それだけではなかなか同意し
てもらえません。そこで、以下の2つのやり方をおすすめします。**①まず、**
総支給額（基本給プラス固定残業代）を、これまでの総支給額から、若干
上げるのです（上の例だと、これまで30万円支払っていたのを、31万円
にします）。残業代を別途請求されるリスクを回避できるなら、賃上げ分
のコストは、安いものです。**②あるいは、月給制から年俸制に移行する**の
です（上の例だと、年俸3,600,000円にして、基本給は2,663,580円、固定
残業代は936,360円になります）。こうすると、基本給が下がったことの
印象が和らぐので、感情的な反発が減ります（①の方法と組み合わせるこ
とで、よりいっそう反発が減るでしょう）。

◉未払い残業代を請求できるのは過去2年間まで？

　いくら制度変更が上記のようにうまくいっても、既に発生してしまった
残業代の問題が残っています。この解決方法は、労働基準法そのものにヒ
ントがあります。

　実は、賃金や残業代を請求できる権利は、過去2年間までと労働基準法
に定められています。つまり法律上、残業代の請求権は、2年で時効にな
り、消滅してしまいます。これは、法で認められた制度であり、会社が時
効消滅を主張して残業代を払わないことに、問題はありません。ただ、こ
の2年間という期間は、今後延長される可能性があります。というのは、
改正民法が2020年4月1日から施行されるのですが、改正民法では時効
の制度が変わったので、それに合わせて労働基準法の時効の制度も変えて、
期間は5年間にすべきではないか、という議論が、本書改訂版執筆現在

Chapter Commentary by Lawyer

（※2019年夏）、行われているからです。というわけで、制度を変更するのであれば、なるべく早めに対応したほうが良いでしょう。

第5章

会社を変える
就業規則の作り方

第1節 就業規則の現状

●自社の実態に合っていない就業規則

　就業規則は会社の憲法。労働者と会社との包括的な契約書ともいえます。

　それなのに実際には就業規則に重きを置かず、「とりあえず設置してあればいいだろう」と、他社の就業規則をそのまま転用したり、行政が提供しているひな形をそのまま利用したりしている中小企業はまだまだ多いのが実情です。

　最近は、会社側の意識も変わりつつあり、自社のルールとして就業規則をどのように定めればいいのかを真剣に検討するところも増えてきてはいます。しかし、中小企業では、まだまだそうした意識は低いといえるでしょう。

　IT関連企業では、前述の通り、「専門業務型裁量労働制と年俸制をセットで導入すれば残業代の支払いは必要ない」と勝手に解釈し、本来支払わなければならない残業代を支払っていなかったり、固定残業制を採用し、一定額の時間外労働賃金までしか支払っていなかったりするケースが多く見られます。就業規則上でも、これらの制度に十分に対処できる内容になっていないものがほとんどのため、いざ労使トラブルに発展すると、就業規則であらかじめ定められていれば支払う必要のなかった残業代が、就業規則の未整備によって支払わなければならない羽目になるといった余計なコストが発生してしまうのです。

　年俸制の導入でよくあるトラブルケースとして、年俸額に固定残業代を含める形で運用するものの、給与規程では、この固定残業代に関する規定があいまいなため、未払い残業代が請求されたり、行政の是正指導がされた際に、固定残業代も含めた金額で割増賃金の基本額を算定する事となり、結果として想定していた以上の残業代を支払わなければならなかったりするという事態を招いてしまいます。

　給与規程で固定残業代の基準時間を具体的に規定しておけばよかったものを、「時間を明示すると社員が残業時間を意識してしまう」という思いからあいまいな書き方をしてしまったために、余計な額を支払う結果につながるのです。

第1節　就業規則の現状

　最近の労働行政の指導方針では、未払い残業の温床になっているとして、固定残業代を厳しく取り扱う方向になっています。特に、固定残業代として支給される金額に含まれている時間外労働時間や休日労働時間を具体的に明示していないと、固定残業代の定め自体が無効とされる事もありますので注意が必要です。

　また、IT業界は、業務の特性から、機密保持に関わる開発や知的財産権など著作権に関わる内容が多い業界です。それにも関わらず、機密保持や著作権などに関しては、就業規則上での制限が比較的緩い内容になっているものがあります。機密保持や著作権に関する取扱いについては、「入社・退職時に、労働者本人と会社間で誓約書を取り交わしているから問題はない」と考え、包括合意規定である就業規則では規定そのものがなかったり、規定されていても、具体的な制限事項が設けられていなかったりするものがあります。労働者本人と取り交わしている誓約書の内容もあまり詳細になっていないものも多く見られます。

　製品が市場に公開される前に開発内容や仕様が漏れてしまうなどのタブーを防止するには、各社員の意識が非常に重要になってきます。企業の社会的責任の観点から見ても、やはり万が一に備え、機密保持に関するルールや、著作権に関する取り決め、違反した際の処分などを、就業規則上でも明確にしておくべきでしょう。

第5章　会社を変える就業規則の作り方

＠第2節 就業規則の役割

●企業経営で就業規則が持つ意味と３つの目的

　就業規則は、規定されている内容に合理性があり、入社時に誓約書で従業員から同意を得ることで成立する、「会社＝使用者と労働者間での労働契約の内容」とされます。

　大手企業から独立して会社を設立したベンチャー企業などでは、親会社や関連会社の就業規則をそのまま転用するケースがよくあります。「自分が所属していた会社のルールだから問題ないだろう」と、内容の確認をせずに、そのまま自社の就業規則としてしまうと、その内容がそのまま労働者との労働契約となり、自社の実態に合わないものが契約内容として成立してしまうのです。

　同様に、世間に出回っている就業規則のひな形を使ってとりあえず作成した就業規則は、実際の就業ルールにまったく合致せず、そもそもどんな内容が書かれているかもよく理解されずに使われている場合などもあります。その内容が労働者との労働契約として成立してしまっている状態が、ベンチャー企業や中小企業の就業規則では散見されます。

　例えば、休職を例に挙げてみましょう。従業員が精神疾患により休職に入った場合、従業員1000名以上の規模の企業であれば、勤続年数に応じて2年などの休職期間を定め、休職期間中に一定割合の給与を支給する事も想定できます。しかし、これが従業員50名以下の企業では、同様の対応をする事はできず、数か月程度の休職期間を定めるのがせいぜいです。

　つまり、会社として遵守できる就業条件を就業規則として作成するためには、「自社の経営状況」「企業規模」「企業の実態（休職制度を許容する風土なのかどうかなど）」などから十分に検討した上で、就業規則の内容を策定する事が重要になります。

　IT関連企業でも、自社の経営規模や実業の実態をよく検討しないまま、親会社の就業規則をそのまま利用したり、市販の就業規則のひな形をそのまま利用し、取り急ぎ体裁を整えて用意したものを、そのまま労働基準監督署へ届け

出してしまっているケースがあります。これでは就業規則を用意する意味があ
りません。

　就業規則は、自社の業態や職種に応じたものを用意すべきで、これはIT関
連企業においても同様です。特にIT関連企業では、「服務規律」「懲戒処分」
「安全衛生」に関する規定のように会社全体として定めておくべきものと、「労
働時間」「休日・休暇」のように、開発現場などの就業単位ごとに定めておく
ほうが効果的なものとを分けて考え、就業規則の内容も十分に検討を重ねる必
要があります。通り一遍の規定内容では、万が一労務トラブルに発展してし
まった際に就業規則の効力が薄まってしまう事は間違いありません。

　自社に合った就業規則を作成することで、「労使双方が就業規則を遵守でき
る」「健全な信頼関係を築いていく事が可能となる」「労働効率が向上する」と
いう良質なサイクルが生まれ、企業の経営的側面から大きなメリットにつな
がっていきます。信頼関係を築けないまま就業規則だけを整備しても、労使双
方の人的関係に致命傷を与えるだけとなってしまう危険性があるともいえるの
です。

　以上の点から、会社が就業規則を作る目的は、

①労務リスクを軽減
②かかるコストを軽減
③労働効率の向上により労使双方の利益につながる

この3点にあるといえます。次に、それぞれの目的を詳述しましょう。

①労務リスクを軽減
　労務リスクは多種多様です。残業代の問題から、情報漏えい、業務中の私用
メール、休職・復職、解雇への対応など、考え得る対策を取らなければ企業を
守ることは困難です。
　これはIT関連企業でも同様であり、会社の実情に沿った実務レベルの内容

第5章　会社を変える就業規則の作り方

まで落とし込み、いざ運用する場面で役に立つ就業規則とする事が肝要です。

　例えば解雇であれば、解雇事由を想定でき得る労務トラブルにすべて連動させ、安心して対処することができるようにします。情報漏えいでは情報セキュリティの観点から、私用メールの制限や情報機器の取扱い、守秘義務等の条文まで網羅し、会社の営業情報等の不正利用による個人情報の漏えい事件等に発展したとしても、就業規則で懲戒処分できるようにします。

②かかるコストを軽減

　ひとたび労務トラブルが発生すると、トラブル対応にかかるコストは半端ではありません。ここでいうコストは金銭的なものだけではなく、経営者も含めてトラブル対応に関わる総人員の時間的コストも当然に含まれます。退職者から未払い残業を請求されたと仮定した場合、この請求内容の確認や請求先への対応に充てられた労務担当者と責任者の労働時間は、本来行うべき業務に含まれないため、余計に人件費がかかります。そして、請求先との交渉が長引けば長引くほど、担当者等の残業代を含む人件費はかさんでいくのです。

　こうした突発的なコストが発生した結果として、本来行うべき業務に時間も金銭も注力できない状況に陥りかねません。

　IT関連企業で発生しやすい労務トラブルとしては、時間外手当や休日勤務手当の未払いが一番多いといえます。最近では、これらの労務トラブルが、退職後だけではなく在籍時にも発生するようになりました。

　先手を打って就業規則を整備・運用することで、無駄な労務トラブルや訴訟にコストを奪われることなく、労働効率を高める結果につながります。

③労働効率の向上により労使双方の利益につながる

　「会社に就業規則はあるらしいけど、実際に見たことがない」という話を聞くことがあります。

　労働基準法では、就業規則の周知義務が定められています。その履行については、作業場所の見やすいところに就業規則を掲示したり、従業員に貸与したパソコンで常時閲覧ができるようにしたりするなどすれば事足ります。

　IT関連企業では、本社以外の派遣先現場に従業員が常駐しているような場

206

合には、「業務遂行先と本社との間に物理的な距離があること」「他社で就業していること」などから、就業規則の閲覧が難しい面があります。併せて就業環境ごとにおける情報セキュリティ上での管理の問題から、インターネットにも直接アクセスができないケースがあります。このような場合には、自社の就業規則一式を紙で用意し、就業先現場に配置するなどの対応が求められます。

本来の就業規則の持つ意味である「労働契約の内容」を明確にし、これを労使双方が遵守することで労働効率を高めていくためには、就業規則の内容を十分説明して、これを理解させ、そして浸透させていく事が重要です。

●就業規則の限界と労働契約書による対応

新卒採用の社員は、特定の業務に就くために労働契約を取り交わすというよりも、企業での社員教育と人事異動をつうじてキャリアを徐々に形成していき、各業務を担当することになります。そのため、画一化された就業規則が適用されても問題はありません。

一方、システムエンジニアのように専門技術者や特定の地位にある社員は、個別の業務遂行能力が労働契約の目的となるため、内容が画一化されている就業規則の適用になじみません。この場合は、個別に労働契約を締結する事に重点を置く必要があります。

労働契約を締結する際には、以下の①～⑧の点に注意します。

①具体的な専門的能力を特定し職種名を明示する（システムエンジニア、デザイナーなど）

　＊具体的な職種名を明示する事により、この職種に必要な能力を有しており、この能力をもとに業務を遂行するのが労働条件となる事を明確にする。

②担当業務を具体的に記載し、さらに「上記に準じる業務」の一般条項も記載する事で、特定業務だけではなく周辺業務も行う必要があると認識させる

③業務の具体的目標に対する賃金支払いの基準を明確にする

　＊年俸制を利用する場合には、時間外手当や休日出勤手当の扱いをどうするか（どこまで含んだものとするのか）を具体的に明示する。

④中途での契約解消事由が発生すると想定される場合は、その旨を記載してお

第5章　会社を変える就業規則の作り方

⑤システムエンジニアのように専門業務型裁量労働制が適用される場合は、制度の適用と賃金の関係を明確にする

⑥契約期間を設ける場合は期間と、契約更新拒否事由を定める

⑦異動、転勤、出向の有無を明確にする

⑧営業秘密等の秘密保持義務を記載する

　なお、就業規則で定める基準に達しない労働条件を定める労働契約、例えば、就業規則では休職期間が3か月とされているにも関わらず、個別の労働契約では休職期間は2か月までしか認めないとなっているような場合は、その部分について無効となりますので、就業規則の内容とも十分に照らし合わせて労働契約を締結する必要があります。

第3節 服務規律の重要性

●IT関連企業での服務規律

　一般的な企業の就業規則における服務規律では、「就業時間」「勤務態度」「就業時の服装に関する規定」「情報漏えいの禁止」などの広く一般的な遵守事項をあまり具体的ではなく規定する事が多いのですが、IT関連企業での服務規律を考える場合、就業状況が特殊な場合もあるため、自社として具体的にどの点を具体的に強化すべきかを考えなくてはいけません。

　IT関連企業は、比較的、勤務時間や服装・髪型が自由な企業も多いのが事実です。

　社風の自由度が高い企業では、勤務時間や遅刻・早退などの扱いもあまり厳密ではなく、服装も自由であったりすると、就業時間や勤務態度などの遵守事項はあまりあてはまりません。しかし、技術者が突然お客様へ訪問しなければならないこともありますので、そのような場合にも対処できるよう、訪問時の服装や髪型などの規定を必要とされる場合があります。

　情報漏えいやセキュリティ対策に関する規定などは、内部からの違反を防ぐためにも、違反時の懲戒まで盛り込んだ具体的に取り決めをしておく必要があるでしょう。場合によっては、別規則として詳細に規定し、自社の情報セキュリティ対策に対する姿勢を示す事もあります。

　IT関連企業で服務規律を定める場合、他社がこうだからではなく、自社として「当たり前のこと」「やるべきこと」「やってはならないこと」を具体的に規定する事を前提に考える必要があるといえます。

●企業の考え方を積極的に就業規則に盛り込む

　「働きやすい職場」「風通しの良い職場」など、理想とされる職場環境を企業側も社員も求めているものの、なかなかうまくいかないというのが実態です。

　人事評価制度を導入し、公平な評価を実施し、上司と社員とのコミュニケーション活性化を目指すものの、普段からコミュニケーションがうまく取れてい

第5章　会社を変える就業規則の作り方

ない関係では、制度を導入しただけではうまくいきません。「うちの部署では
よく「呑みニュケーション」をしているから大丈夫」……。でも果たして、社
員は本当に働きやすい職場だ、風通しの良い職場だと感じているでしょうか。
企業側からの一方的な「風通し」に終始してはいないでしょうか？

「良い社風の会社は成長する」といわれます。

社風は、経営者の理念や想いを理解し、社員としてやるべき事、やってはい
けない事を、社員一人ひとりが十分に理解した上で、業務を行っているから生
まれるものです。

社風の育成については、ザ・リッツ・カールトンが導入した「クレド」が有
名です。業種を問わず、この「クレド」を取り入れて企業風土を良いものにし
ようとする企業も多くあります。

「クレド」とは、会社の経営理念や行動指針を分かりやすい言葉に置き換え
たもので、社風や社員の"色"を決める、コアな価値基準といえます。上述の
ザ・リッツ・カールトンでは、クレドを常に持ち歩けるようにポケットサイズ
のカード等に記載して活用しています。

これを労務管理の観点から見ると、クレドを補完するものとして、会社の
ルールである「就業規則内での服務規律」がポイントになります。

服務規律は、社員がやるべき事、やってはいけない事、守るべきルールを個
別具体的に定め、社員の意識に訴えていくべきものです。日々の行動指針とし
て「クレド」を活用し、会社の基本的なルール・企業秩序を「就業規則内の服
務規律」に具体的に定める形を取ることで、社員の意識を効率的に高めていけ
るでしょう。

服務規律とは、「就業規則上定められる労務提供に関する行動規範を意味す
る」とされ、労働契約上では、会社＝使用者は、従業員から労務の提供を受け、
これを組織的に活用することにより企業経営を実現できると考えます。この組
織的な労働力を活用するためには、一定の規律が必要とされます。規律がなけ
れば企業秩序が維持できません。

最高裁判例でも、「企業秩序は、企業の存立と事業の円滑な運営の維持のた
めに必要不可欠なものであるため、企業は企業秩序を確立し維持する権限を有
するとして、会社＝使用者の企業秩序定立・維持権限を認め、労働者は労働契

210

約の締結により企業秩序の遵守義務を負うもの」としています（冨士重工業事件最判S52.12.13）。判例から見ても、服務規律の確立・運営の法的な根拠を含めた企業秩序を労働契約の本質に位置付けられたといえます。

●服務規律の定め方

就業規則に服務規律を定める場合、企業の行動指針、従業員の心構えとなる「当たり前のこと」「やるべきこと」、禁止規定である「やってはならないこと」を具体的に規定します。さらに、出退勤や身だしなみ、健康配慮義務、守秘義務、セクシュアルハラスメント、パワーハラスメント、情報セキュリティなどの規律を規定します。服務規律に定められた企業秩序に違反した場合は懲戒処分の対象となります。

万が一、違反行為があった場合の処分内容については制裁規定として定めます。労働基準法第89条でも、就業規則に制裁の事由と種類について定めがなければ、懲戒処分は行えないとされていますので[7]、就業規則に定める懲戒事由については、できるだけ具体的に列挙すべき。

---

[7]【労働基準法第89条（就業規則に規定すべき事項）】
1. 必ず記載しなければならない事項
   (1) 始業及び終業の時刻、休憩時間、休日、休暇並びに交替制の場合には就業時転換に関する事項
   (2) 賃金の決定、計算及び支払いの方法、賃金の締切り及び支払いの時期並びに昇給に関する事項
   (3) 退職に関する事項

2. 定めをする場合は記載しなければならない事項
   (1) 退職手当に関する事項
   (2) 手当・賞与・最低賃金額について定める場合には、これに関する事項

   (3) 食費・作業用品等を負担させる場合には、これに関する事項
   (4) 安全・衛生に関する事項について定める場合には、これに関する事項
   (5) 職業訓練に関する事項について定める場合には、これに関する事項
   (6) 災害補償・業務外の傷病扶助について定める場合には、これに関する事項
   (7) 表彰・制裁について定める場合には、これに関する事項
   (8) 上記のほか、当該事業場の全労働者に適用される事項について定める場合には、これに関する事項

3. 任意に記載してよい事項
   上記2の事項のほか就業規則の総則的事項等、使用者が自由に記載する事項

第5章　会社を変える就業規則の作り方

●遅刻３回で欠勤１日控除は違法か？

　早退はともかくとしても、社員の遅刻をどうにかしたいと思う企業は多いもの。そして、遅刻に対する様々な対応やペナルティの中でよく聞くのが「遅刻や早退が3回になったら1日分や半日分の給与を差し引いている」というものです。

　遅刻や早退した時間に応じて給与[8]から時間分を差し引くという扱いをする企業は多いと思います。この方法は実際に社員から労務が提供されていない分の賃金は発生しないという「ノーワーク・ノーペイの原則」に基づくものであり、法律上も問題にはなりません。

　対して、遅刻早退を懲戒処分対象のひとつと考え、遅刻早退が3回になったら、遅刻早退時間を合わせて1日分にもなっていないのに欠勤1日分を給与から差し引いたり、1回の遅刻時間が3分や5分であったとしても1回の遅刻は30分として給与から控除したりするという方法は、労働基準法違反となります。労働基準法では賃金の支払い方法について「通貨で、直接本人に、全額を、毎月1回以上、期日を決めて」を支払う事と定めています[9]。実際刻早退時間数以上に給与から差し引く扱いは、この「全額を支払う事」に違反しているとされます。

　とはいえ、真面目に出勤している社員がいる一方で、遅刻を繰り返す社員に対して何のペナルティも与える事ができないのは、職場の秩序維持を図るため

---

[8]【原則的な平均賃金の計算方法】
　平均賃金を算定する事由の発生した日以前3か月間に、その労働者に支払われた賃金の総額を、その期間の総日数（暦日数）で割った金額とされています。
　給与締切期間がある場合には、締切日ごとに通勤手当、皆勤手当、時間外手当など諸手当を含み税金などの控除をする前の給与額3回分を、その期間の総日数で割った金額です。

[9]【労働基準法第24条（賃金の支払）】
　賃金は、通貨で、直接労働者に、その全額を支払わなければならない。ただし、法令若しくは労働協約に別段の定めがある場合又は厚生労働省令で定める賃金について確実な支払の方法で厚生労働省令で定めるものによる場合においては、通貨以外のもので支払い、また、法令に別段の定めがある場合又は当該事業場の労働者の過半数で組織する労働組合があるときはその労働組合、労働者の過半数で組織する労働組合がないときは労働者の過半数を代表する者との書面による協定がある場合においては、賃金の一部を控除して支払うことができる。

212

第3節　服務規律の重要性

には不十分であり、やはり何かしらのペナルティを課し、本人の自覚を促す事と健全な就業環境を維持したいという考えもあって当然です。

　この場合は、制裁を与える意味で一定の減給を行うために、就業規則上で懲戒処分となる理由のひとつに「正当な理由がなく遅刻、早退、欠勤を一定以上重ねた時」と定めます。そして、この処分により減給を行う事とします。ただし、これを定めたからといって無条件に減給できるわけではなく、「1回の減給額は1日分の平均賃金の半額以内」とされ、また減給額の総額は「1回の給与締め支払い期間で支払われる給与額の10％以内」までと制限されます[10]。

　毎月の給与だけではペナルティに一定の制限がある事から、人事評価内に勤務態度評価を設けて評価を行い、給与額の査定に反映させたり、賞与に対してペナルティを課す方法も有効です。例えば賞与に対してペナルティを課す場合、賞与の支給方法は会社側が任意で決める事ができますので、遅刻1回で1,000円を減額するなどとして行います。

　遅刻、早退、無断欠勤のような規律違反は、そのままにしておくとボディーブローのように深く静かに他の社員の就業意識にも影響を与えるものです。就業ルールに対する企業の考えと、これに違反した場合のペナルティを明確に示しておく事が必要です。

◉セクシュアルハラスメント、パワーハラスメント対策

　服務規律を考える際、セクシュアルハラスメント、パワーハラスメント、モラルハラスメントと、社内外・性別によるもの・上司との関係・モラルなど、様々な嫌がらせに対する対策も合わせて検討しなければいけません。また、こうしたハラスメントが起きた場合には、社員に対する安全配慮義務を怠ったと

---

[10]【労働基準法第91条（制裁規定の制限）】
　就業規則で、労働者に対して減給の制裁を定める場合においては、その減給は、1回の額が平均賃金の1日分の半額を超え、総額が1賃金支払期における賃金の総額の10分の1を超えてはならない。

【［関連通達］昭和63年3月14日基発第150号、婦発第47号】
　5分の遅刻を30分の遅刻として賃金カットするような処理は、労働の提供のなかった限度を超えるカットについて、賃金の全額払の原則に反し、違法である。なお、このような取扱いを就業規則に定める減給の制裁として、労働基準法第91条の制限内で行う場合には、全額払の原則には反しないものである。

213

いう観点から、加害者の社員だけでなく、上司や会社までもが責任を負わなくてはならなくなります。会社の責任を回避するためにも、ハラスメント対策には積極的に対処すべきです。

　セクシュアルハラスメントや妊娠・出産した女性へのマタニティーハラスメントは、既に防止措置を講じる義務がありますが、パワーハラスメントはこれまで明確な定義がされてなく、対策は企業の自主努力に委ねられてきました。定義が曖昧なせいもあってか、パワーハラスメントが原因とされる過労死も少なくありません。

　今回、過労死等に結びつきかねない職場におけるハラスメント対策として、パワーハラスメントの予防・解決に向けた取組みを進めるとし、これまで明確な定義がなかったパワーハラスメントを「職場において優位性を背景に、業務の範囲を超えて行われ、身体的若しくは精神的な苦痛を与える言動」と定義し、企業に相談窓口の設置など新たに防止措置を義務付ける事とし、2020年4月施行が予定されています。

　対策案として、①パワーハラスメントが違法であることを法律上で明確化し行為者に対する刑事・民事責任を問う、②事業主は職場のパワーハラスメントを防止するよう配慮する旨を法律に規定し、その不作為が民事訴訟、労働審判の対象になることを明確化、③事業主に対する雇用管理上の措置を義務付け、違反があった場合の行政機関による指導等について法律に規定、④事業主による一定の対応措置をガイドラインで明示、⑤防止対策に対する社会全体の機運の醸成を図る、等が予定されています。また併せて、顧客や取引先からの著しい迷惑行為についても、労働者への安全配慮義務の観点から議論を深めていくとされています。

　職場におけるセクシュアルハラスメントは、その程度により以下の4段階に区分されます。

①刑法上の強制わいせつに該当する行為
②民法上の不当行為に該当する行為
③均等法のセクシュアルハラスメント
④企業秩序維持に違反する行為としてのセクシュアルハラスメント

第 3 節　服務規律の重要性

　改正男女雇用機会均等法では、会社に対するセクシュアルハラスメントへの対策強化が求められるようになりました。

　男女雇用機会均等法（以下、均等法）は昭和61（1986）年に施行され、女性労働者の福祉の向上を目的としてスタートしたものです。平成9（1997）年の改正により、社員の募集、採用、配置、昇進を含む全面的な女性差別の禁止、セクシュアルハラスメント規定の整備などが行われました。さらに平成19（2007）年の改正では、男女双方に対する性差別を禁止する法律となっています。

　均等法では、会社に対して、セクシュアルハラスメントの防止や対策に関する体制整備など、具体的な措置を講じることを義務付けています。

　例えば「会社は就業規則などで、職場で行ってはならないセクシュアルハラスメントの内容、セクシュアルハラスメントがあってはならないという方針を文書として定め、管理者を含む労働者に周知・啓発する」「セクシュアルハラスメントに関わる性的な言動を行った者に対する対処の方針も、就業規則などで明確にする」などがあります。社内でのセクシュアルハラスメント研修などを定期的に行うことも、措置義務を行っていると認められる一例になります。

　均等法では、男性に対するセクシュアルハラスメントも対象となっています。以前は、女性社員に向かって「女は職場の花でいい」「女性社員は職場で掃除、お茶汲みをすべきだ」といった発言をすると、セクシュアルハラスメントに当たるとして問題になりました。これにプラスして、男性社員に向かって「男のくせに根性がない」といったり、社員旅行で男性社員にいわゆる「裸踊り」を強要したりすることも、均等法上ではセクシュアルハラスメントに当たる行為とされています。

　そこで会社として注意しなければならない点がいくつかあります。第1には、均等法で定められている「労働者」とは、社員、契約社員、パート、アルバイトなど、会社が雇用する労働者のすべてを指すという事です。派遣社員については、派遣先企業で対策を講じなくてはいけません。

　第2には、ここでいう「職場」とは、直接雇用・間接雇用の別に関わらず、会社が雇用する労働者が業務を遂行する場所を指しています。取引先の事務所や取引先と打ち合わせするための飲食店、顧客の自宅などについても、これら

215

の場所でセクシュアルハラスメント等に当たる言動があった場合は、実際にハラスメントを受けた状況に関する相談や、ハラスメント防止に対する適切な対応を行う対象となるという点です。

この法律では、会社だけでなく管理職も、セクシュアルハラスメント、パワーハラスメント、モラルハラスメントに関して様々な責任を問われることになります。いわゆる中間管理職といわれる立場の場合は、上司と部下の架け橋にならなければならないなど難しい立場に置かれる事もしばしばあります。

この問題が抱える一番の難しさは、セクシュアルハラスメントやパワーハラスメントをされたと感じる当事者の感情に大きく左右されるという点にあります。

同じ行為をされても、好意を持っている相手であれば問題にはならない一方で、嫌悪間を抱いている相手から同じ行為をされればセクシュアルハラスメントやパワーハラスメントとされてしまう可能性があるのです。

また同じ行為であっても人それぞれに感じ方が違う点から、「こんな事くらいで」「Aさんは何とも思ってなかったのに」と、セクシュアルハラスメントやパワーハラスメントを行ったとされる側も、なぜ自分の行動が法律に違反するのかという疑問を持つこともあるでしょう。

人間関係そのものが、社員のモチベーションや仕事の中身に影響することから、労務管理上では、これらへの対策が「キモ」であるともいえます。

セクシュアルハラスメントやパワーハラスメントは、どちらも社員の職務遂行を妨げる言動という意味で同じものです。会社として組織運営に影響を与えるものであるため見過ごす事はできません。会社はこのような行為を禁止し、違反者に対して懲戒処分を含めた厳正な処置で臨むことを、全社員にメッセージとして発信する事が重要だといえます。

例えば「社員ハンドブック」などに会社のセクシュアルハラスメント・パワーハラスメントに対する考え方を明記して配布するなどし、分かりやすい言葉で社員にメッセージを発信していくなども有効な手段です。合わせて、これら行為が懲戒処分に該当するものとして、下の2つの視点から定めることが重要となります。

第3節　服務規律の重要性

①どのような行為が対象となるのか

（セクシュアルハラスメントとパワーハラスメントの違いと共通点が分かるように）

②どの程度の行為が対象となるのか

（暴行などの行為があった時、継続的に行われていた時、結果として精神疾患などの傷害が起きているのかなど）

●SNSへの対応

Twitter、Facebook、ブログなどの普及により、個人が世の中に向けて容易に情報発信できるようになっています。そして、これらのツールで社員が発信した情報により、企業が多大な損害を被る事例が増えてきました。

社員たちがプライベートで、モラルに欠ける写真をSNSに安易に掲載したがために、営業停止となったり、場合によっては廃業に追い込まれるまでに発展してしまったりする事件も起きています。また、著名人が訪れた際の店舗内での様子を、SNSで流してしまった社員が解雇処分となったケースもありました。

このような行為に対する処分も、就業規則上でしっかり定めておく必要があります。

就業時間中や、会社が貸与しているパソコンなどの情報機器や携帯端末等からのSNS利用であれば、服務規律や遵守事項違反として、罰する事ができます。

一方、個人所有でのパソコン等や私生活でのSNS利用の場合、労働契約上では社員には企業秩序を遵守する義務がありますが、この企業秩序と本人の私生活にどの程度の関連性があるかにより判断すべきといえます。

営業情報や個人情報の漏えい、守秘義務違反、名誉棄損など、会社の信用問題に関わり、損害を被るものであれば、私生活の利用であっても厳重に対処すべきでしょう。就業規則に定めることで、程度に応じた懲戒処分の可能性も考えられます。

SNSの利用を全面的に禁止することは現実的でない事から、就業規則での制限やSNS利用ガイドラインなどを設け、下記の3点を中心に制限事項を詳細に定めておきます。

217

第5章　会社を変える就業規則の作り方

①どのような行為が違反となるのか
②どのような内容をSNSで配信すると違反となるのか
③個人所有の情報機器からSNSを利用する際の注意点

　そして、定期的に社内研修を行うなどし、日頃から社員に意識付けしておく
ような対応も求められています。規程類に制限事項を定めておくだけでは、社
員の意識には浸透しません。

第4節 雇用契約に関する課題

●改正労働契約法の影響

　平成25（2013）年4月より労働契約法が改正され、有期雇用契約の扱いが変わりました。改正の中で特に影響があるとされるのが、無期雇用への転換制度です。

　これは同一使用者との間で、有期労働契約が通算で5年を超えて反復更新された場合は、労働者の申込みにより、無期労働契約に転換されるもので、2013年4月1日以後に開始する有期労働契約が対象となります。

　無期雇用へ転換する旨の申込みをすると、使用者が申込みを承諾したものとみなされ、無期労働契約がその時点で成立します。有期労働契約が終了する翌日から、無期雇用に転換されるものとなります。

　技術者を正社員雇用ではなく契約社員として雇用し、各現場へ派遣しているケースで考えてみましょう。これは開発期間に応じて技術者を派遣し、現場の有無に柔軟に対応するために行われているもので、例えば1年ごとに契約更新を繰り返している場合では、5年を超えて契約更新した社員から6回目の契約終了時までに無期雇用への転換の申し出があると、次の契約期間以降は無期雇用にしなければならなくなります。

　無期雇用へ転換する際に、雇用条件を正社員と同様にする事は求められていませんが、現場の状況に応じた雇用調整が難しくなり、短期間での有期雇用契約が増える可能性も出てきます。

　ちなみに契約期間の通算にはクーリングオフがあり、前の有期労働契約と次の有期労働契約の間が6か月以上ある時は、その空白期間より前の有期労働契約は通算契約期間に含めないとされます。通算の契約期間が1年未満の場合は、その2分の1以上の空白期間があれば、それ以前の有期労働契約は通算契約期間に含めません。

　労働契約法で無期雇用契約の改正が施行され、6年が経過しました。

第5章　会社を変える就業規則の作り方

　IT業界では、元々有期雇用で働くエンジニアも多くおり、無期雇用契約転換の請求がどうなるか注目していました。有期契約のエンジニアの場合、正社員より給与額が高めのケースが多いこともあって、無期雇用契約への転換請求がそれほど増えた印象はありません。ただ今後の雇用情勢によっては、有期雇用契約を繰り返し5年を経過している者からの請求がないとはいえず、請求があった際の処遇をどうするかは、未だに議論がされる事もあります。

　法施行後3年ほど経過した2016年頃から、各社とも有期雇用契約者の無期雇用転換時の労働条件について議論が増えましたが、人手不足感もあってか、中小企業では積極的な検討がされてきてはいないようです。今後の雇用情勢によっては、雇用調整の点から再度議論が行われると考えます。

第4節 雇用契約に関する課題

《図26》有期雇用から無期雇用への転換申込みができる場合

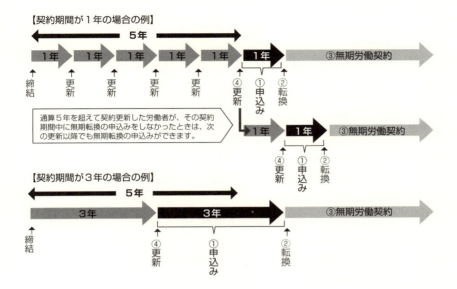

出典:「労働契約法改正のポイント」(厚生労働省)

《図27》契約期間におけるクーリングオフの計算

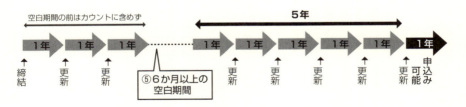

出典:「労働契約法改正のポイント」(厚生労働省)

221

第5章　会社を変える就業規則の作り方

●改正労働者派遣法の影響

　労働者派遣法は、平成24（2012）年10月より改正施行（一部は平成27（2015）年10月より）されています。

　平成24年10月の改正では、下記の10項目が改正内容となっています。

①30日以内の日雇い派遣の禁止
②グループ企業内での派遣を8割以内とする
③離職後1年以内の人を元の勤務先に派遣することの禁止
④マージン率などの情報提供派遣料金の明示
⑤労働契約締結前の待遇等の説明
⑥派遣先の都合により派遣契約を解除する場合の必要措置
⑦雇用期間が通算1年以上の派遣労働者の希望に応じた措置に対する努力
⑧派遣労働者が無期雇用労働者かどうかの派遣先への通知
⑨派遣労働者の均等待遇の確保
⑩労働契約申込みみなし制度の新設（2015年10月より）

　これらのうちIT業界では、④マージン率などの情報提供派遣料金の明示と、⑩労働契約申込みみなし制度の新設が、直接の影響が大きいものとして懸念されています。

　「マージン率などの情報提供派遣料金の明示」は、改正労働者派遣法の施行後に終了する事業年度分から情報提供の対象とするとされており、3月決算の企業では2013年4月以降に速やかに公表されていなければいけません。

　そもそも派遣労働は、「一般労働者派遣事業」と「特定労働者派遣事業」に大別できます。「一般労働者派遣事業」は許可制で、ある一定額以上の資産に関する要件や事務所の面積など様々な要件をクリアしないと許可されませんが、「特定労働者派遣事業」は届出制であることから、資産状況や事務所の面積などの厳しい要件も問われず、個人事業や小規模の会社でも届出を行うことができ、届出日当日より特定労働者派遣事業を開始することが可能です。

第4節　雇用契約に関する課題

　IT業界では、特定労働者派遣制度を利用しているケースが圧倒的に多く、一般労働者派遣のように不特定多数の労働者を派遣登録するケースとは性質が異なります。そのため、マージン率＝「派遣料金と賃金の差額部分」を公表すると、派遣元の売上げとなる派遣料金と派遣社員に支払う給与額との差異が、社員に誤解を生じさせるものとして、公表を控えたい企業が多いのが実際のところです。

　また派遣料金の明示についても、事業所における派遣料金額の平均額で明示をした際に、技術者や現場ごとの派遣料金が推定できる事から、料金明示に抵抗があるとする企業も多く見られました。

　また、今後の改正内容の施行で影響が特に懸念されるのが、「労働契約申込みみなし制度」です。
　この制度は、違法派遣が行われた場合に、派遣先が派遣労働者に雇用契約を申し込んだものとみなされる制度で、以下の4つの場合を違法派遣としています。

①禁止業務への派遣の受入れ
②無許可、無届の派遣の受入れ
③派遣可能期間を超える派遣の受入れ
④偽装請負

　ただし、派遣先が違法派遣であることを知らず、知らないという事についての過失がなければ、雇用契約を申し込んだものとはみなされないと定められています。また、派遣先が申し込んだものとみなされる雇用契約の内容は、元々、派遣元と派遣社員が締結していた雇用契約と同じ内容であるとされています。
　IT業界で本制度が適用された場合に懸念される点としては、「派遣可能期間を超えて派遣労働者を受け入れているケース」「偽装請負のケース」が挙げられます。
　特に偽装請負では、以前に比べると減少してきたものの、発注元との力関係や業務内容によって、未だに偽装派遣とされるような契約で行われている業務

223

も多いのが実情です。そのため、偽装派遣＝違法派遣が行われているという事実が確認された段階で、雇用契約を申し込んだものとされ、企業側が意図していない雇用契約が発生する可能性が出てくるわけです。

　労働契約申込みみなし制度が適用されるには、法の適用を「免れる目的」が前提であり、単に偽装請負等の状態になったことのみをもって、偽装請負等の「目的」があるとはされません。ただし、契約当初に法の適用を免れる「目的」がなかった場合であっても、請負契約で受け入れている間に「いわゆる偽装請負等」に該当するという認識が生じた場合には、認識した時点が1日の就業開始時点であればその日以降、1日の途中であれば翌就業日以降に「指揮命令」を行った時点が、労働契約を申込みしたとなるとされています。

　請負契約はグレーゾーンが非常に多い契約形態です。発注元と協議をし、できるだけ労働者派遣契約を締結するよう望まれます。

　平成27（2015）年に改正労働者派遣法が施行され、届出制の特定労働者派遣事業と許可制の一般労働者派遣事業が一本化されました。これにより、これまで特定労働者派で事業を行ってきた企業は、一般労働者派遣に切り替えを行うか、特定労働者派遣の事業を廃止しました。一般労働者派遣の許可は、資本金などの資産要件や、事業所の面積、キャリアアップの具体的な仕組みなど許可要件が厳しいため、小規模の事業所は派遣許可への切り替えをせず、準委任契約や請負契約でのシステム開発に移行したり、廃業したりしているようです。

　実際に、特定労働者派遣の廃止に伴い増えているのが、準委任契約や請負契約への契約変更です。これまで特定労働者派遣の担当者が行っていた業務を準委任契約などに切り替えるケースです。この場合、派遣先企業の担当者が、委託先の社員に直接業務を指示できなくなるため、新たな指揮命令系統の準備が必要になるなど、現場への負担も決して小さくありません。

　委託先の社員が担当する業務が、契約変更前と同じ場合、コンプライアンス（法令順守）違反を指摘される可能性もあり、偽装請負になっていないかを慎重に検討する必要があります。

　今回の改正では、派遣期間も見直しがされました。これまでは専門26業務に対する派遣期間の制限がなかったものが、すべての業務で、派遣先事業所単

位での派遣期間と、派遣労働者個人単位での派遣期間の2つで制限がされるようになりました。同一の派遣先事業所に対し派遣できる期間は、原則3年が限度となり、同一の派遣労働者を、派遣先事業所での同一組織単位に対し派遣できる期間も3年が限度となりました。

第5節
IT業界での契約形態（請負と派遣）

●大きく実情が異なる「請負」と「派遣」

　IT業界では、契約形態の点から見てみると、業務の受注形態として「請負契約」と「派遣契約」に大別されます。

　自社で直接発注先から業務を受注し、必要な人材を関連会社や協力会社から集めて進めていく形が主になりますが、この人材を集めるという点では、請負契約のケースと派遣契約のケースで大きく扱いが違ってきます。

　まずは請負契約の現状から見ていきましょう。

●請負契約の現状

《図28》適法、違法の請負契約

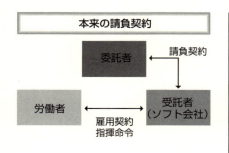
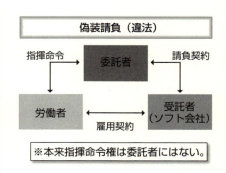

　請負契約は、民法上の請負契約に基づいて、発注先である受託者が、発注元である委託者から業務を請け負う形態の契約をいいます。

　委託者は、受託者の労働者への直接の指揮命令権がなく、成果物に関する責任は、受託者に発生するのが原則です。受託者は成果物の性能や機能などを記述した設計書・仕様書を元に業務を請け負い、その設計書・仕様書に基づいて開発を行い、成果物を納品するのが通例となっている契約形態です。

第5節　IT業界での契約形態（請負と派遣）

《図29》改正労働者派遣法の概要

① 派遣先事業所単位の期間制限
同一の派遣先の事業所に対し、派遣できる期間は、原則、3年が限度となります。派遣先が3年を超えて受け入れようとする場合は、派遣先の過半数労働組合等からの意見を聴く必要があります（1回の意見聴取で延長できる期間は3年まで）。

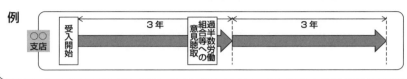

② 派遣労働者個人単位の期間制限
同一の派遣労働者を、派遣先の事業所における同一の組織単位（※）に対し派遣できる期間は、3年が限度となります。
※いわゆる「課」などを想定しています。

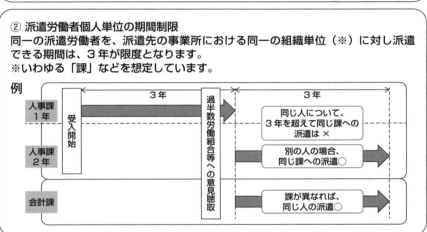

出典：「派遣で働く皆さまへ～平成27年改正労働者派遣法が成立しました～」（厚生労働省）

第5章　会社を変える就業規則の作り方

　ところで、SI業界では、「請負契約」という言葉を使いながらも、実態としては請負ではない契約形態があります。「作成請負契約」と「作業請負契約」という言葉が使われている場合に、民法上の請負契約といえるのは、「作成請負契約」のほうです。

　作成請負契約は、開発するものの内容を委託者が受託者に明らかにし、双方合意した上で約束したものを開発する契約で、納品物は設計書やプログラムなど、明確に定まっています。

　一方、作業請負契約※11は、作業内容を委託者が受託者に明らかにし、双方合意した上で業務を進める契約で、納品物が明確に定まっていないことが多いです。いずれの契約についても、委託者には指揮命令権限がなく、受託者の開発者に詳細な指示を出すことができないというのが法律の原則です。

　しかし、委託者の詳細な指示の下で、受託者の開発者が作業を行うケースがSI業界では非常に多く見受けられます。特に作業請負契約では、納品物は明確に定まっておらず（納品されるのは、労働時間を記した作業報告書等であり）、あくまでも作業時間で成果を精算しているため、実態としては限りなく人材派遣に近い状態となっているのが現状です。

　次に、派遣契約の現状を見ていきましょう。

※11 いわゆる「作業請負」は、法的性格は、請負契約ではなく、準委任契約になります。
　請負契約は「仕事を完成させることを約束する契約」であり、仕事が完成しない限り、報酬は発生しませんし、また、作業工数が増えようが減ろうが、当初決められていた通りの仕事が完成したに過ぎないなら、報酬は変わりません。
　準委任契約は、「仕事を行うことを約束する契約」であり、完成させるべき仕事というもの

は予定されていません。あくまで、作業工数分だけ、報酬が発生することになります（このように、時間に応じた報酬を算定することから「タイム＆マテリアル方式」ともいわれています。なお、2020年4月1日から施行される改正民法では、準委は契約でも成果に対して報酬が発生する成果完成型の契約ができるようになり、請負契約に近い契約内容にすることもできます。

●派遣契約の現状

《図30》適法、違法の派遣契約

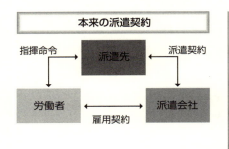
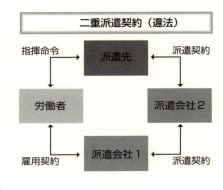

　派遣契約は、派遣元会社が自社で直接雇用する労働者を派遣先企業に派遣し、派遣先企業の指揮命令を受けて、この派遣先のために労働に従事させる契約を指します。派遣された労働者への指揮命令権は派遣先企業にありますが、雇用契約は派遣元企業にある形になります。

　図30のように原則的な派遣契約の下で仕事を行うのであれば問題はないのですが、特にSI業界では、前述の通り、下請け・孫請けの形で人材を集めているケースが多く、多重構造で仕事を請け負うため、労働者派遣法の二重派遣に抵触するケースになっている事があります。

　二重派遣とは、派遣先からさらに別の派遣先に派遣されることをいいます。労働者派遣法で認められている人材派遣とは「自己の雇用する労働者」を派遣するものであり、自己の雇用する労働者でないものを派遣することは、職業安定法で禁止している労働者供給事業とみなされるため、二重派遣は法律に抵触している事となります。

　労働者派遣法で認められている人材派遣では、労働者を保護するためのルールを定めていますが、二重派遣の状態では、どこに指揮命令権があるのかがあいまいとなり、労働者が不当な扱いを受けた場合の責任の所在が不明確になっ

てしまいます。そのため、労働者の就業環境が劣悪になったり、多重請負契約になっていることで賃金が不当に引き下げられてしまったりするおそれがあります。また、二重派遣を行った場合は、派遣先企業も派遣元企業とともに、職業安定法違反として処罰の対象となります。

下請企業と孫請け企業が実態を伴わない資本関係を持ち、孫請け企業から「出向」の形で労働者を下請企業に派遣し、下請企業が上位発注元に人材を供給したり、個人事業者（フリーランスのエンジニアなど）を雇用する形で派遣したりしているケースなどが以前はありましたが、最近では発注元が労働者派遣法違反として是正指導を受ける事があるため、このような形での対応は少なくなってきました。

●偽装請負とされないために

前述の通り、多重構造で仕事を請け負う契約形態自体が、直ちに法律に反するわけではありません。偽装請負で問題となるのは、多重構造での契約あっても1対1の契約であっても、委託者からの指揮命令を直接受けてしまう点にあります。

この問題が今も起きている状況は変わらず、今後ぜひとも解決していかなければならないものの1つといえます。

最近は、コンプライアンス（法令遵守）を市場が求めている事や、発注元企業が株式公開をしている場合などは、偽装請負、もしくは偽装派遣的な人材供給を求めない傾向にもあります。

偽装請負と判断されないよう、請け負う仕事の成果物や、契約の範囲が事前に明確になっているかどうか受託者は確認するようにしてください。途中での仕様変更や作業の手戻りが発生した場合には、具体的にどのように対応するか、などを発注元との間で事前に決めておくことが重要になります。なあなあで仕事を依頼したり、頼まれたりするのもNGです。「何が契約変更の対象となるのか、ならないのか」を、企業としてしっかり定めておく必要があります。

そうはいっても、契約形態が何層構造にもなった多重派遣はまだまだ日常化しており、偽装請負や二重派遣を超えている状況です。

労働者の就業実態がどう見ても派遣であるにも関わらず、書類上では請負契

約とされている偽装請負も未だに散見されます。

　ここで問題となるのが、「やはり受託者が請負で受注するしかないのか」「労働者派遣で受注するのか」という判断です。請負契約の受託業者が客先に常駐すること自体は、昨今の開発環境やセキュリティの問題からは致し方なく、また常駐自体が悪いわけではありません。委託者の管理者から指揮命令を受けて業務に従事することが問題となるのです。これらの状況は、すべて実際の就業状況により行政（各都道府県需給調整部）に判断されますので、「契約書があるから、書面上では問題ない」と主張しても認められるものではありません。

　偽装請負は、職業安定法第44条で禁止された「労働者供給事業」にあたり、また労働者供給事業者から供給される労働者を使用することも禁止しています。顧客である元請企業やユーザー企業も処罰の対象となりますので、偽装請負の代償は決して小さいものとはいえません。

●労働者供給事業とは

　労働者供給は、労働者が働く職場の使用者ではない第三者が中間に介在する間接雇用のひとつの形態です。これは自己の管理下（統制下）にある労働者を、他人の指揮命令の下で他人に使用させ、利益を得る形態をいいます。

　第二次世界大戦前の日本では、労働に関する各法が十分に整備されてなく、労働者が就労する際に、就職先をあっせんする代わりに賃金の一部を「中間搾取」（ピンハネ）する例が多く見られました。

　労働基準法の前身である工場法が1916年に施行され、最低の労働条件が法定されたり、健康保険加入が義務付けられたりするようになると、使用者である企業は法律が適用されるのを嫌い、労働者を直接雇用せずに、「人夫供給」や「○○組などの労働者供給請負」業者を中間に介在させるようになりました。これによって、法律の適用を受けない労働者を受け入れる「間接雇用」の形態が広がります。労働者は、こうした労働者供給業者から人権侵害を伴うひどい扱いを受け、多額の中間搾取もされることになったのです。

　第二次世界大戦後は、労働者保護に重点を置いた労働環境の整備が進められ、「間接雇用の禁止＝直接雇用」を原則とした労働基準法や職業安定法が制定さ

れました。職業安定法第44条では、労働者を不当に支配したり中間搾取などが横行したりしないよう、労働者供給事業を禁止し、また労働者供給事業者から提供される労働者を企業側が受け入れる事を禁止しています。一部例外として、労働組合が厚生労働大臣の許可を得た場合は、無料の労働者供給事業を行うことができるとされています。派遣労働者として受け入れた労働者をさらに第三者へ派遣する二重派遣は、労働者供給事業に該当し禁止されています。

なお、労働者派遣事業は、派遣会社が労働者派遣契約（供給契約）に基づいて労働者を派遣し、派遣先の指揮命令を受けて労働させるわけで、職業安定法に違反するようにも思えます。この点については、労働者派遣法上の労働者派遣の定義「自己の雇用する労働者を、当該雇用関係の下に、かつ、他人の指揮命令を受けて、当該他人のために労働に従事させること」（労働者派遣法第2条第1項）にあてはまるものは、労働者供給の定義から除外されており（職安法第4条第7項）、法律上、労働者派遣にあてはまるものは労働者供給ではないという、立法的な解決が図られています。

《図31》適法、違法の労働者供給事業

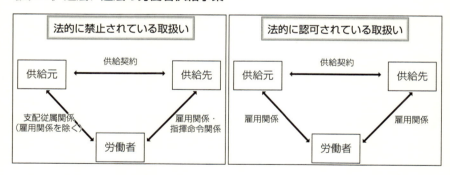

出典：「労働者供給事業業務取扱要領」（厚生労働省）を加工して作成

第5節　IT業界での契約形態（請負と派遣）

●偽装請負チェックリスト

　偽装請負での業務委託に対する監督は年々強化されています。東京都では2009年2月に定期調査が行われ、その後も定期調査が実施されています。一度罰則を受けると、その後労働者派遣事業での申請許可を取ることはかなり難しくなってしまいます。

　次に、受託者向けに「偽装請負チェックリスト」を掲載しました。今一度、自社の契約形態がリスク回避への対策を取っているかチェックしてみてください。チェックの数が多いほど、リスク回避の対策が取られており請負に関連する労務トラブルが発生しにくいといえます。

☐	作業場における労働者の人数、配置、変更等の指示をすべて受託者が行っている
☐	労働者に対する仕事の割り当て、調整等の指示をすべて受託者が行っている
☐	労働者に対する業務の技術指導や指揮命令をすべて受託者が行っている
☐	受託者自らが作業スケジュールの作成や調整を行い労働者に指示をしている
☐	欠勤等があった時の人員配置は、受託者が自ら指示、配置をしている
☐	仕事の完成や業務の処理方法の教育、指導を受託者自ら行っている
☐	作業者の個々の能力評価を受託者自らが行い、発注者に能力評価の資料等を提出することはない
☐	発注者の許可、承諾がなくても、受託者の労働者が職場離脱できる（ただし、施設管理上、機密保持上の合理的理由がある場合は除く）

233

☐	受託者が労働者の就業時間、休憩時間の決定、残業、休日出勤の指示、欠勤、遅刻、早退等の勤怠管理を行っている
☐	発注者の就業規則をそのまま使用したり、その適用を受けることはない
☐	発注者が作成するタイムカードや出勤簿をそのまま使用していない
☐	受託者の個々の労働者の残業時間、深夜労働時間、休日労働日数の把握、確認、計算等を発注者が行うことはない
☐	発注者が作成した身分証明書、IDカード等を使用していない(ただし、施設管理上、機密保持上の合理的理由がある場合は除く)
☐	発注者から直接受託者の個々の労働者の能力不足等の指摘を受けていない
☐	発注者が面接等を行い受託者の労働者を選定することはない
☐	発注者と同一の作業服(帽子を含む)を着用していない(ただし、施設管理上、機密保持上等の合理的理由がある場合、または有償による貸与は除く)
☐	労働者の要員の指名、分担、配置等の決定を受託者がすべて行っている
☐	必要になった旅費、交通費等をその都度発注者に請求することはない
☐	原料、部品等を発注者から無償で提供されていない
☐	出張交通費の実費を発注者の旅費規程によって請求、支払いすることはない
☐	契約書に、業務の処理につき受託者側に契約違反があった場合の損害賠償規定がある
☐	契約書に、受託者の労働者の故意、過失による発注者または第三者への損害賠償規定がある
☐	労働安全衛生の確保、責任は受託者が負っている

☐	処理すべき業務を、受託者の調達する設備、機器、材料、資材を使用し処理している、または発注者が設備等を調達する場合は無償で使用していない、受託者独自の高度な技術・専門性等で処理をしている（のどちらかに該当していること）
☐	契約書に、完成すべき仕事の内容、目的とする成果物、処理すべき業務の内容が明記されている
☐	労働者の欠勤、休暇、遅刻等による作業時間の減少等に応じて、請負代金の減額等が定められることになっていない
☐	請負代金は、｛労務単価×人数×日数または時間｝となっていない（ただし、高度な技術・専門性が必要な場合を除く）

弁護士による章末解説

IT業界　就業規則の
法的解説　　弁護士　藤井　総

　IT分野におけるスタートアップ企業の多くは、大企業をスピンアウト
した人が立ち上げた企業です。そういった企業はたいてい、以前に在籍し
ていた大企業の就業規則を、そのまま使っています。

　確かに、大企業の就業規則は、法的には正確な（間違っていない）内容
になっています。しかし、その一方で、大企業だからこそできるような、
手厚い福利厚生が規定されています。しかも、高度経済成長時代に作られ
た就業規則に手が加えられないままになっていて、大企業の就業規則は今
の時代からすると過剰なまでに従業員を保護する内容になっていることも
多いです。というのは、就業規則を従業員側に不利に変更することには、
厳しい要件が課せられているため、一度従業員に有利な就業規則を作って
しまうと、それを変えることは本当に大変なのです。

　次に、私が実際に相談を受けた事件を紹介します。

◉就業規則のアンマッチ1　休職制度

　その会社の従業員は、私生活上のトラブルからうつ病になり、会社を欠
勤するようになりました（私傷病のうつ病ということです）。症状は重く、
当面は、職場への復帰は難しい状況であったことや、在籍したままにして
おくと、穴埋め採用もしにくかったことから、会社としては、できれば退
職してもらいたいと思いました。

　ですが、本人からは、一向に退職届は出されず、かといって、下手に会
社から退職勧奨をして、それで症状が悪化すれば、会社の立場もまずくな
るため、会社としては、解雇せざるを得ないと考えました。

　そこで、解雇に関する手続きを確認しようと、それまでほとんど見たこ

237

弁護士による章末解説

___

とのなかった、（社長が以前に在籍していた大企業の就業規則をそのまま流用して作った）就業規則を見てみたところ、大きな問題があることが発覚したのです。

その就業規則には、私傷病で欠勤が続いた場合、「2年間」の休職に移行し、休職期間満了の時点で職場復帰が不能な場合に、退職になるという規定がありました。

本書でも解説されている通り、休職制度は、解雇の猶予期間なので、基本的には、休職期間満了までは、従業員を解雇することはできません。大企業であれば、休職期間が2年間でも、人員の異動で対応できるかもしれませんが、中小企業の場合は、2年間も待っていられません。

しかも、休職期間中は、給与を支払う必要はありませんが、社会保険料（健康保険と厚生年金の保険料）は発生するので、会社は、社会保険料の会社負担分を、納付し続ける必要があります。そして、その従業員は、高額な給与で他社から引き抜いたマネージャー職であったため、社会保険料の会社負担額も大きく、2年間も払い続けたら、相当な金額になるものでした。

そもそも、休職制度は、本書でも解説されている通り、法で設置が義務づけられているわけではない（設置するかどうかは任意の）制度なので、中小企業としては、設置しないという選択肢もありえます。それなのに、何も考えずに、大手企業の就業規則を流用したため、こんな面倒な事態になってしまったのでした。

結局この事件は、従業員に慎重に対応して、退職届を出してもらい、解決しましたが、従業員がこれに応じなかった場合は、対処が大変でした。

Chapter Commentary by Lawyer

●就業規則のアンマッチ2　退職金制度

　同じように、大手企業の就業規則を流用したために起きた問題について、相談を受けたことがあります。その会社は、設立数年目にして、初めて退職する従業員が出ました。そこで、社長が、退職金規程を元に、退職金を算定してみたところ、勤続年数がまだ数年であったのに、意外なほど高い退職金になりました。そうです、大企業の退職金規程を流用したため、中小企業にとってはありえないような、高額な計算式になっていたのです。

　その瞬間、社長は血の気が引きました。今はまだ、設立数年目なので、現時点での退職金は、この金額で済んでいるが、年数が経つに連れて、退職金がとんでもない金額になるということに、気付いてしまったのです。

　この相談を受けて、私は、従業員に事情を説明の上、退職金規程の（妥当な水準への）変更への同意を取り付けるようアドバイスをして、結果的に、何とかうまくいきました。早い段階で問題に気付き、対処できたのは幸いでした。

　こういった事態を防ぐためには、就業規則は、社会保険労務士に相談をして、会社の実態に合った内容に、ざっくばらんに言えば、会社（社長）を守ってくれる内容にしておくべきでしょう。

おわりに

　最後までお読みいただきありがとうございます。

　日々起きる労働トラブルに悩む経営者や人事労務担当者の方に、少しでもお役に立てればと思い書きました。

　労働トラブルは、会社にだけ問題があるのでもなく、労働者にだけ問題があるのでもありません。

　双方のちょっとしたボタンの掛け違いから、トラブルに発展することがほとんどなのです。

　「ブラック企業」と称されるように、法律を無視し社員を酷使するような就業ルールは許されるものではありません。

　一方で、「問題社員」と称されるように、自己中心的な態度を取り、会社のルールを無視するような行動も許されるものではありません。

　本書は、労働基準法を基本とした労働法令を正しく理解し活用し、さらに、IT業界の特徴を踏まえた上で、どのような労務管理を行うと労務トラブルを未然に防止できるのかを解説しています。そして、会社も安心し、社員も納得でき、結果として会社が発展していくための積極的なルール作りの方法を、ひとつでも多くお伝えしたく執筆しました。

　戦後まもなく制定された労働基準法は、徒弟制度により搾取を余儀なくされていた当時の労働者を保護する目的で制定されたもので、現在の労働状況や企業の実情に沿ったものではありません。

　今まで何度か法改正がされてはいますが、どんな働き方であっても労働時間ありきであったり、労働者保護の立場に立った（＝企業には厳しい）解雇規制中心の組み立てになったりしています。

　2019年4月より働き方改革関連法が施行され、多様な働き方が取り沙汰される今、さらに、時流に則した法律として、改正を検討し続けて欲しいと常々感

じるところでもあります。

　会社も労働者も自身の保身に走り、公正な気持ちを失い、法律の抜け穴を探し、または法律論ばかりを振りかざしていても、何の解決にもなりません。

　社員がイキイキと働く職場は素敵です。明るく、はつらつとした空気が職場にあふれている会社は、どこも間違いなく成長し発展しています。
　本書の読者が労働各法を正しく理解・活用して、社員が元気に働くことができる職場環境の整備を実現されることを願いつつ、これからも実務家として企業へのご支援をしていきたいと考えています。

　最後になりましたが、本書の出版にあたりお力添えをいただきました関係各位に感謝申し上げます。

2019年10月

成澤　紀美

索 引

A

ASP	13
ITSS	25
IT アーキテクト	27
IT サービスマネジメント	29
IT スペシャリスト	28
SES(システムエンジニアリングサービス)	13
SI	13,19
SIer	22
SNS	122,126,217

ア

アプリケーションスペシャリスト	28
請負	226
うつ病	64,106,107,237
エデュケーション	29

カ

解雇	89,90,108,123,132,145,237
解雇予告	145
会社指定医	107
改正労働契約法	219
改正労働者派遣法	222
過重労働	13
カスタマーサービス	28
管理監督者	154
偽装請負	230,231,233
基本給	198
休日出勤	150,178
休日出勤手当	172
休日労働	175
休職	78,82,86,88,238
競業避止	35,37
業務委託契約	41
業務上の傷病	108
固定残業代	198

サ

コンサルタント	27
サービス残業	185
在留資格	48
作業請負契約	228
作成請負契約	228
残業代	13,172,198
資格外活動許可	49
時間外勤務	178
時間外労働	150,175
時効消滅	199
私傷病	108,237
私傷病休職	64
システムインテグレーション	13
社会保険料	238
就業規則	50,131,186,202,204,207,237,239
就業規則の不利益変更	198
試用期間	74,75,76,120,145
職業選択の自由	35,37
所定休日	159
スキル項目	29
スキル熟達度	29,30
スキル領域	29,30
セールス	27
セクシュアルハラスメント	213
専門業務型裁量労働制	153,165,198
ソフトウェア	10
ソフトウェアデベロップメント	28
ソフトウェアハウス	23,32

タ

代休	158
退職	90,132,146,237
退職勧奨	237
退職金	239

Index

退職金規程 239
退職金制度 239
退職届 146,237
タイム＆マテリアル方式 228
ダラダラ残業 191
男女雇用機会均等法 215
懲戒処分 146,212

ナ

二重派遣 13,229,230
年俸制 152,197
ノーワーク・ノーペイの原則 212

ハ

ハードウェア 12
派遣 226
派遣契約 229
パワーハラスメント 108,213
副業・兼業 128
復職 78,82,87
服務規律 209
振替休日 158
プロジェクトマネジメント 27
法定休日 159
本採用拒否 145

マ

マーケティング 26
無期雇用 219
メンタル不全 13,62,71
メンタルヘルス 54,58,61,91
問題社員 112,113,117,136,144

ラ

労働時間 167,169

243

※本書は、2014年3月22日に初版第1刷としてレクシスネクシス・ジャパン株式会社より刊行された『IT業界　人事労務の教科書』を改訂したものです。

サービス・インフォメーション
───── 通話無料 ─────
①商品に関するご照会・お申込みのご依頼
　　　　　TEL 0120(203)694／FAX 0120(302)640
②ご住所・ご名義等各種変更のご連絡
　　　　　TEL 0120(203)696／FAX 0120(202)974
③請求・お支払いに関するご照会・ご要望
　　　　　TEL 0120(203)695／FAX 0120(202)973

●フリーダイヤル（TEL）の受付時間は、土・日・祝日を除く
　9：00〜17：30です。
●FAXは24時間受け付けておりますので、あわせてご利用ください。

IT業界人事労務の教科書　改訂版

2019年12月15日　初版第1刷発行

著　者　成　澤　紀　美

監　修　藤　井　　　総

発行者　田　中　英　弥

発行所　第一法規株式会社
　　　　〒107-8560　東京都港区南青山2-11-17
　　　　ホームページ　https://www.daiichihoki.co.jp/

IT人事　ISBN 978-4-474-06805-6　C2034（6）